# 주수도

## 에 대한

# 마타도어들

### (흑색선전)

주수도 (前 JU그룹 회장)

## 주수도가 옥중에서 여자 변호사와
## 결혼을 했다고?

 도서출판 위

# 머리말

_____

*2006년 JU(제이유)사태는 단순한 다단계 사기 사건이 아니라*
*노무현 정권의 공작에 의한 정치적 사건이었다.*

*JU 사건은 노무현 정권의 초대형 권력형 비리 사건인*
*'바다이야기' 사건 수사를 덮기 위한 정치적 의도로 계속된 악의적*
*여론몰이를 통해 'JU그룹(25개 계열회사)'과 '주수도'를 파멸시킨*
*현시대의 불행한 사건이었다.*

나는 18년째 감옥에 갇혀있다. 내가 선고받은 총 징역은 22년 10개월이다. 세상은 나에게 '단군 이래' 최대사기꾼이라는 별칭을 붙여 매우 강력한 '사깃꾼'의 좌표를 찍었다.

그래서 내가 아무리 진실을 말을 해도 세상은 귀를 기울여주지 않는다.

나는 2006년 7월 26일 서울동부지검에서 구속된 이후 죄 없이 때려 잡혔다는 생각에 엄청난 분노로 울화병이 생겼고 구치소에서 주는 독한 약을 먹어야 잠을 잘 수 있었다. 구치소 복도를 걷다가 갑자기 넘어지기도 하여 한동안 휠체어 신세를 지기도 했다. 변호사 접견실에서 변호사를 앞에 앉혀놓고 약에 취해 1시간 이상 엎어져 잠을 자는 때도 있었다.

그런데 나는 2009년 여름 어느 날 새벽 3시경 감옥의 1평 독방에서 잠을 깼는데 문득 "옛날에는 전장에서 패배한 장수의 목을 성문에 걸어뒀는데, 지금 내 목은 붙어있지 않는가.."라는 생각이 들면서 섬뜩한 마음에 내 목덜미를 만져보았다.

판결문에서의 유무죄를 떠나 최고경영책임자로서 JU그룹이라는 성을 지켜내지 못한 자체가 '나의 능력부족 탓'이었다. 바로 이것이 큰 죄이구나!라는 생각이 들면서 정신이 번쩍 들었다.

'나의 능력부족 탓'이었다는 것을 깨닫는 순간 독한 약도 끊고 휠체어도 던져버리고 일어날 수 있었다. 그리고 JU그룹(25개 계열사) 관계자들 및 JU의 35만 회원 모든 분들께 지켜드리지 못해서 진심으로 사과를 드린다.

이제 내가 구속된 지 17년 이상의 시간이 흘렀고, 나는 세상의 낙인과 공권력의 무정한 폭력에서부터 처절히 분투하는 시간을 보냈다. 2006년 나와 JU그룹의 추락에 열광하던 사람들의 관심은 이미 안개처럼 사라졌지만, 나는 감옥에서의 17년을 영치시키고 여전히 구속당시 50세의 청년의 정신을 유지하고 있다.

그래서 나는 정치권력에 의하여 기업과 기업경영자가 이렇게 파멸될 수도 있다는 것을 꼭 글로 남겨두고 싶어 이 책을 집필하게 되었다. 최근 유튜브 등에서 노무현 정권의 최대 권력형 비리였던 '바다이야기' 수사를 박영수 전 대검 중수부장이 덮었다는 방송을 하고 있지만, 정작 '덮는 과정'에 대해서는 어느 언론도 보도하지 않고 있다. 바로 JU그룹과 나 주수도를 희생양으로 삼아 '바다이야기' 수사를 덮는데 성공하였던 것을 이 책에서 상세히 밝히고자 한다.

또한 가짜뉴스가 세상을 삼키고 한 인간의 인격살인을 서슴없이 할 수 있다는 점도 밝히고자 한다. "고독한 진실은 대중화된 거짓 앞에 무기력하다" 라는 글을 읽은 적이 있는데, 현실에서 참으로 이 말이 맞다고 느낀다. 가짜뉴스의 척결은 반드시 이루어져야 한다.

**Why1** 2006년 1~2월 서울동부지검 특수부(형사6부) 황의
수 검사실에서 노무현 정권의 최대권력형 비리로 알
려졌던 바다이야기 수사를 하면서 상품권 발행 관련
길모 대표를 구속까지 하면서 수사에 속도를 내다가,
3월에 이 바다이야기 수사를 중단하게 되는 이유는?

**Why2** 주수도와 JU그룹에 대한 검찰수사관할은 서울중앙지
검이고 서울동부지검에는 관할권이 전혀 없었음에도
2006년 3월에 갑자기 권력형 비리인 바다이야기 수
사를 하고 있던 서울동부지검 형사6부 황의수 검사에
게 JU국정원 보고서에 의한 정·관계 로비수사를 배당
한 이유는?

**Why3** 노무현 정권의 국정원은 JU국정원 보고서라는 허위문
건을 왜 작성하였으며 이 허위문건을 2006년 4월초
언론에 보도하도록 한 이유는?

**Why4** 이유가 어찌되었건, 주수도는 사기 등으로 대법원에서 유죄확정판결을 받았는데, 도대체 무엇이 억울하다는 것인지?

**Why5** 주수도는 옥중 생활 중에 추가로 사기 등으로 기소되어 대법원에서 유죄확정판결을 받았는데, 그래도 할 말이 있는가?

위 다섯 가지 의문점은 결국 내가 세상에 답변해야 하는 숙제라고 생각한다. 나는 그 답을 찾기 위해 때로는 목숨 걸고 증거들을 수집해왔다. 그 결과 진실의 조각들이 맞춰졌고, 상당히 늦었지만 지금이라도 이를 'JU사태의 백서'로 기록하고자 한다.

# 목 차

____

# 제1장

주수도에 대한 마타도어들

: 내가 감옥에서 결혼을 했다고?

# 주수도가 옥중에서 여자변호사와
# 결혼을 하고 혼인신고를 했다?

———

어느 순간 나는 영문도 모른 채 옥중에서 여자변호사와 결혼을 하고 혼인신고까지 한 사람이 되어, '언론'이라는 임기도 없는 권력으로부터 세상 사람들 앞에 '파렴치한'으로 낙인찍혀 인격살인을 당하고 있었다.

나는 도대체 이런 괴담의 출처가 어디인지 확인했고, 〈시사IN〉의 정희상 기자가 〈팩트와 권력〉이라는 책에서 이러한 괴담을 출판한 것을 필두로 〈KBS 최경영의 경제쇼〉 라디오 및 유튜브, 〈채널A 블랙2〉 방송에까지 출연하여 **"주수도가 옥중에서 여자변호사와 혼인신고를 하고 나란히 붙어 앉아 변호사접견을 한다"**는 식의 허위사실을 퍼뜨리고 있음을 알게 되었다.

사람들은 이런 어처구니 없는 소문을 곧이곧대로 믿고 있었고, 나는 '옥중에서까지 여자변호사와 결혼한 사기꾼'이 되어 세간의 조롱거리로 전락해있었다.

당연한 말이지만 나는 옥중에서 여자변호사와 결혼(혼인신고)은 물론 사적으로 부적절한 교분을 맺은 사실이 결단코 없다. 나의 가족관계증명서(상세), 혼인관계증명서(상세)를 살펴보면 아래와 같이 1989. 6. 12. 한○○와 혼인신고를 한 후, 2010. 10. 8.경 서울가정법원 2010호4276 사건을 통해 협의이혼을 한바 있을 뿐이고 그 이후 어떠한 혼인신고 내역도 존재하지 않는다.

**나의 혼인관계증명서 발췌사진**

그럼에도 〈시사IN〉 정희상 기자는 아무 근거도 없이 방송과 출판물을 통해 '주수도가 옥중에서 여자변호사와 결혼을 했다'는 이야기를 퍼뜨렸고, 직접 방송에 나와 진행자들과 함께 나에 대하여 '아주 살판났다', '감옥에서도 환갑잔치 정도는 했을 것 같다'고 조롱하면서 악의적인 비방을 하고 있다.

또한 〈시사IN〉 정희상 기자는 자신이 쓴 〈팩트와 권력〉 책에서 '**주수도가 자연스럽게 여인의 맞은편이 아닌 옆자리에 앉아 접견을 시작했다. 애틋한 연인처럼 바싹 붙어 속삭이는 두 사람의 모습을 지켜보던 교도관들이 안절부절못했지만 누구 하나 제지하는 사람은 없었다(중략)**'(팩트와 권력 153쪽)고 허위사실을 적시하며 나를 비방하였다.

하지만 이는 〈시사IN〉 정희상 기자가 최소한의 '팩트체크'도 하지 않고 써내려간 소설에 불과하다. 사진에서도 알 수 있듯이 서울구치소 내 변호인접견실은 수용자와 변호인 간 접견을 위해서 마련된 자리로, 담당 교도관의 감시·감독 하에 체계적으로 변호인접견이 이루어지고 있다. 변호인접견실은 투명한 칸막이로 이루어져 사방에서 다 지켜볼 수 있을 뿐만 아니라, 수용자와 변호인이 투명한 칸막이를 두고 마주보게 되어있다. 또 담당 교도관이 앞에서 전체 접견실 내부 상황을 감시하고 있을 뿐만 아니라, 변호인접견실 칸마다 CCTV가 설치되어 담당 교도관이 직원 사무실에서 실시간으로 모니터링하고 있다.

**서울구치소 내 변호인접견실 사진(법무부 홈페이지)**

이렇게 **<u>변호사접견실 내 변호사와 수용자가 들어가는 문이 분리되어 있을 뿐만 아니라 앉는 자리도 엄격히 분리되어 있기 때문에</u>**, 성별에 관계없이 변호사 옆에 수용자가 앉는 것은 원천적으로 불가능하고, 만약 이러한 교정기관 규칙을 어길 경우 해당 수용자는 즉시 조사수용 되고 내부징벌을 받게 된다.

정희상 기자는 TV 드라마에서나 나오는 '재벌회장과 변호인의 접견' 장면을 보고 마음껏 상상의 나래를 펼친 것 같은데, 실제 서울구치소에서 변호인접견이 이루어지는 과정을 조금이라도 아는 사람이라면, 이런 주장이 얼마나 허무맹랑하고 벼락 맞을 이야기 인지 알 것이다. 정희상 기자가 쓴 '팩트와 권력'을 읽어 본 서울구치소 교도관은 '정희상 기자의 이런 허무맹랑한 주장은 교도관의 직업적 명예까지 훼손하는 악의적인 행위다'고 분노하면서 빨리 고소할 것을 촉구하기도 하였다.

이러한 허위주장은 수형자가 수감 중인 상태에서도 변호인접견이라는 제도를 이용하여 변호사와 사적 유대를 가지는 등 비정상적이고 불성실한 수감생활을 하는 것처럼 비방하는 것임은 물론, 우리나라 교도행정의 엄정함까지 부정하는 것으로서 사회적 해악이 매우 크다 할 것이다.

나는 현재 정희상 기자와 〈채널A 블랙2〉, 〈KBS 최경영의 경제쇼〉 제작진 등을 명예훼손으로 형사고소 및 민사상 손해배상청구를 하였다. 그리고 〈팩트와 권력〉 책을 쓴 정희상 기자와 최빛 작가에 대하여 형사고소를 하였고, 출판사인 '은행나무 출판사'도 함께 민사상 손해배상청구를 하였다.

# 옥중에서 수시로 변호인접견을 하면서 호화로운 생활을 하고 있다고?

----

## 1) 변호인 접견에 대한 실상

변호인 접견은 영화나 드라마에서 보여주는 방식으로 이루어지지 않는다.

영화나 드라마에서의 변호인 접견은 테이블, 쇼파, TV까지 놓인 독립적인 편안한 공간에서 이루어지는 것으로 묘사되고, 어느 유력언론사설에서는 '응접실'이라는 표현까지 사용하기도 했다. 그러나 실제의 변호인 접견은, 수십 개의 닭장 같은 유리통 칸 중 하나에 들어가 교도관들의 감시를 받으며 매우 엄격한 분위기로 진행된다. 한 평 남짓도 되지 않는 좁은 공간에 유리 칸막이가 쳐진 책상을 중간에 마주 두고 앉아 진행되며 수용자 쪽의 책상 폭은 채 10cm도 되지 않는다. 여러 명의 교도관이 변호사접견실 전체를 여러 대의 CCTV와 눈으로 감시하고 있으며, 수용자가 조금이라도 규정에 위반되는 행동을 하면 즉시 그 자리에서 제지하고 경고하며, 심지어는 조사수용까지 이루어지기도 한다. 변호사와 수용자의 음성대화는 녹음되지 않지만, 변호사접견실 내에서의 모든 행동은 CCTV로 녹화되며 감시되는 것이다.

수용자가 변호인접견을 위해 수용거실에서 변호사접견실까지 나오고 기다리는 과정 또한 일반인들이 알고 있는 것과는 매우 다르다. 변호사가 수용자를 만나기 위해서는 사전에 예약을 해야 하고, 예약을 하지 못한 경우 어떤 방법을 쓰더라도 변호사 접견을 진행할 수 없다. 접견 시간과 접견횟수가 모두 기록되고 관리된다. 수용자는 사전에 예약된 변호인 접견을 위해 수용거실에서부터 들고 온 소송서류를 무조건 대형저울에 올려 무게를 재어야 하며, 내용도 대략적으로나마 검사를 받아야 한다. 소송서류의 무게를 재는 이유는, 변호사와 수용자 간 교정기관의 허가 없이 소송서류 외의 서류를 주고 받는 것을 엄격히 금지하고 제한하기 위함이다. 변호사접견을 위해 대기실에서 대기하는 동안에도 다른 수용자와 일체의 교담을 할 수가 없고, 눈인사라도 할라치면 감시하던 교도관으로부터 즉각 제지를 받는다(차라리 수용거실에서는 타 수용자와의 자유로운 교담이 가능하다).

닭장 같은 변호인 접견실에서 접견이 끝난 후 거실로 돌아가는 과정에서도 소지한 서류의 무게를 다시 한 번 재서 나올 때의 서류 무게와 비교하는 등 엄격한 검사가 이루어진다. 이 과정에서 신발 깔창까지 벗겨 검사하기 때문에 수용자들 사이에서는 변호사 접견실에 나오는 것을 '도살장'에 나오는 기분이라고 표현하기도 한다. 혹시라도 변호인이 조금이라도 늦는 경우에는 변호인 대기실에서 언제 도착할지 모르는 변호사를 기다리며 정자세로 앉아 말 한마디 하지 못하고 대기하여야 하는데, 그 고통은 실제로 겪어본 사람이 아니면 말할 수 없이 힘들다.

## 2) 그렇다면 주수도는 왜 변호인 접견 횟수가 많아야만 하는가?

일부 언론에서는 주수도가 숨겨놓은 돈이 많아서 변호인 숫자와 변호인 접견 횟수가 많은 것으로 악의적인 보도를 하고 있지만, 나는 '돈이 많아서' 많은 변호인 접견을 하고 있는 것이 아니다.

진짜 돈이 많은 수용자는 변호인 접견을 많이 할 필요가 없다. 보통 정말로 돈이 많은 수용자는 변호사들에게 높은 변호사 비용을 지불하고 본인을 위한 변호인단을 꾸린 후 변호사들에게 본인 사건만 전담케 하고, 며칠에 한 번 보고를 받는 형식으로 접견을 진행한다. 내가 구속 수감 중에 보았던 10대 재벌그룹의 모 회장은 본인 사건을 위한 변호인단을 꾸리면서, 소속 변호인들이 기존에 수임하고 있던 사건은 모두 사임케 하며 본인 사건에만 전념할 수 있도록 일반인은 상상도 할 수 없는 엄청난 금액의 수임료를 지불 하였다.

당시 모 회장은 굳이 변호인접견실에 접견을 나가는 불편을 감수하지 않고, 변호인단에게 전적으로 사건을 맡겨두고 며칠에 한 번씩만 진행상황을 보고받았다. 모 회장의 사건 결과는 매우 좋았고, 석방까지 이루어졌다. 보통, 변호사들은 한 명당 수십 개의 사건을 동시에 담당하고 있고, 주수도의 사건 역시 변호사들에게는 담당 사건 중 하나에 불과하다. 변호사들이 다른 사건을 제쳐놓고 나의 사건에만 매달릴 수는 없는 상황인 것이다. 만약 내가 일부 언론의 보도처럼 정말 '숨겨놓은 돈이 많았다'면, 나 역시 변호인단에게 높은 수임료를 주고 나의 사건만을 전담케하고 진행상황만을 간간이 보고받았으면 될 일이지, 굳이 매번 가방 가득 서류를 챙겨 변호사 접견실로 나오고, 신체검사를 받고, 변호사를 기다려야 하는 변호사 접견을 자주 할 이유가 없었을 것이다(세간의 오해와는 다르게 변호사 접견을 나오는 것보다 수용 거실에 머무는 것이 훨씬 편하다. 수용 거실에서 변호인접견실까지 오가는 과정 역시 교정기관 입장에서는 수용자들을 엄격히 관리할 수밖에 없기 때문에, 유치원생처럼 두 줄로 세워 움직이게 하며 줄이 조금이라도 흐트러지거나 앞을 보지 않으면 조용히 하라거나 제대로 줄 서 걸으라거나 하는 등 참으로 자존심 상하는 언행을 들어야만 한다).

그러나 나는 현재 형사사건을 비롯하여 민사, 행정, 파산, 헌법소원 등 수많은 법적 문제를 당면하고 있으나, 나의 사건만을 오롯이 담당할 변호인단을 꾸릴 수 있는 경제적 능력은 전혀 되지 않는다. 그렇기에 최소한의 법률비용을 들여 최소한의 법률적 지원만을 받을 수 있는 상황이다. 변호사들이 내 사건만을 전담하지 않으므로 내가 원하는 만큼 꼼꼼하게 내 사건을 모두 파악하여 준비하기는 힘든 상황이므로 **나와 관련된 모든 소송은 내가 모든 소송기록을 직접 검토하여 준비**해야한다.

내가 현재 머무르고 있는 수용거실(두평 남짓한 공간에 5명이 생활한다)에도 소송서류가 산더미처럼 쌓여있어 수용거실을 함께 쓰는 다른 수용자들에게 여간 눈치가 보이는 것이 아니다. 그럼에도 나는 스스로 직접 검토하고 고민하지 않으면 원하는 결과를 얻을 수는 없다는 것을 알기에, 저녁 9시에 취침을 위해 일반 등이 소등이 된 이후에도 희미한 불빛이 새어 나오는 취침등에 기대어 여러 개의 돋보기를 바꿔 끼고, 혹시나 다른 수용자들의 수면을 방해할까 볼펜소리, 종이 넘기는 소리까지 조심해가며 거실 등이 켜지는 새벽 6시까지 밤을 새우거나 쪽잠을 자며 기록을 검토할 수밖에 없다.

　일각에서는 주수도가 황제변호인 접견을 통해 호화로운 수용생활을 하고 있다고 하지만, 감옥은 어디까지나 감옥이기에 '호화로운 수용생활'이란 있을 수 없다. 오히려 나는 악의적인 언론의 보도로 인해 더 많은 감시를 받고, 더 많은 제약을 받으며 호화로운 수용생활은 커녕 다른사람들보다 더 엄격한 수용생활, '감옥 중 감옥살이'를 하고 있다.

※ 여기서 한 가지 해명할 것이 있는데 2014년부터 2015년 사이에 유달리 변호인접견 횟수가 많았던 것으로 언론에 보도가 되었다. 통상 변호사를 선임하면, 그 변호

사가 고용하고 있는 '어쏘변호사'가 있을 경우 함께 선임이 되어 일하게 된다. 당시 나의 재심재판 진행과 더불어 서울광역수사대에서 내가 자문하고 있던 휴먼리빙 다단계 회사 및 나에 대한 대대적인 수사가 이루어지고 있었다. 한꺼번에 큰 사건들에 대하여 연이어 방어권을 행사해야 하다 보니 나는 그즈음 집중적인 법률 조력이 필요하였다. 다만 나는 여력이 충분하지 않아 재판과 수사를 둘 다 맡아 도와줄 수 있는 변호사를 선임하였는데, 매번 해당 변호사가 고용하고 있던 '어쏘변호사'가 함께 접견을 왔다. 그런데 원칙적으로 이렇게 같은 사무실의 두 명의 변호사가 함께 접견 신청을 하면 접견횟수가 '1회'로 카운트되는데, 당시 나의 변호사는 착오로 함께 변호인접견 신청을 하지 않고 각각 신청을 한 뒤 접견은 함께 하였다. 그러다보니 접견 횟수가 매번 '2회'로 카운트되는 실수가 있었다. 그래서 2014년부터 2015년 사이에 실제 변호사 접견 횟수보다 2배 이상 많게 카운트되어 언론에 보도되었다.

### 3) '편한 수용생활'은
### 변호사접견을 많이 하는 수용생활이 아니다.

일반적으로 수형자가 변호인 접견을 많이 나가게 되면 편한 변접실에서 시간을 보내면서 수형생활을 회피하고 있다고 생각한다. 심지어 판사들까지도 오해를 하고 있는데, 판사들도 퇴직하고 변호사가 되기 전까지는 구치소에 올 일이 없기 때문에 드라마에서 나오는 변호사접견실만 생각하다가, 퇴직 후 변호사로 구치소 접견을 왔다가 열악한 환경에 화들짝 놀라기도 한다.

감옥의 실상은 완전히 다르다. <u>**사실 형이 확정된 수형자에게**</u>

**가장 편한 수형생활은 '교도소에서 출역을 하는 것'이다. 구치소보다는 교도소로 이감되어 생활하는 것이 훨씬 더 편하게 수용생활을 할 수 있다.** 접견도 쉽지 않은 교도소에서 심지어 출역이라는 노동까지 하는 것이 왜 편안한 수형생활이냐고 할 수 있겠지만, 수감생활을 단 하루라도 해본 경험이 있다면 이해할 것이다.

우선, 대부분의 출역장소는 냉난방이 다 된다. 여름에는 에어컨이 나오고, 겨울에는 히터나 난로가 켜진 따뜻한 공간에서 하루 중 많은 시간을 일하며 보낼 수 있다(변호사접견실의 각 호실 내부에는 에어컨이 없고 선풍기만 있다). 출역에 대한 보수도 지급됨은 물론이다. 또한, 감옥 생활에서 가장 힘든 것 중 하나가 밖에서처럼 따뜻한 물에 자주 씻을 수 없다는 것인데, 출역을 하면 이 또한 해결된다. 출역 후에는 하루에 한 번 따뜻한 물로 샤워를 마치고 방에 들어갈 수 있다. 출역수는 '가족접견(가족이 사식을 싸와 교도소 내에서 함께 식사하는 접견)'이 가능하고, 운동시간도 출역하지 않는 수형자보다 길게 보장되고, 더 넓은 운동장에서 더 많고 다양한 운동활동이 가능하다.

무엇보다도 가장 중요한 것은 출역을 해야만 '급수'가 올라 간다는 것이다. 출역을 하지 않으면 '급수'를 올릴 수가 없다. '급수'란 쉽게 말해 수형자의 등급이고, 수형생활 및 가석방 등 수형자의 생활 전반에 매우 중대한 영향을 끼친다(1등급부터 4 등급까지이고, 1등급이 가장 높은 급수다). 1급수에 해당하는 수형자는 '매일' 접견을 할 수 있고, 2급수에 해당하는 수형자 는 월 6회의, 3급수는 월 5회, 4급수는 월4회의 접견이 각 가능 하고 전화횟수 역시 급수에 따라 차등이 있다. 접견보다도 중요 한 것은 가석방 대상에 포함될 수 있는지의 여부가 '급수'에 따 라 정해진다는 것이다. 법에 명확히 명시되지는 않았지만 보통 2급수 이상인 수형자를 대상으로 하여 가석방 심사를 진행하기 때문이다(나는 출역을 나갈 수 없어 18년 째 3급수이다).

수형자가 출역을 나가지 못하는 경우에는 수용거실에 앉아 서만 생활해야 한다. 소위 '앉은뱅이 징역'이라고 한다. 이 앉은 뱅이 징역이 가장 고통스러운 징역살이다. 뿐만 아니라 검찰이 추가 사건을 띄엄띄엄 기소하는 경우, 계속 추가 사건 때문에 출역을 나갈 수 없는 상황이 되어 언제 끝날지 모르는 생지옥을 경험하게 된다.

# 내연녀를 통해 중국밀항을 준비했다고?

※ 애초에 나에게 내연녀는 존재하지도 않았다.

———

　최근 〈시사IN〉 정희상 기자가 〈팩트와 권력〉이라는 책을 내서 허위의 내연녀 A를 설정하여 소설을 쓰면서 '내가 수배중일 당시 내연녀A를 통해 중국밀항을 준비했다'는 새로운 허위사실을 출판하는가 하면, 또 〈채널A : 블랙2 영혼파괴자〉라는 프로그램에 출연하여 이번에는 같은 내용에 내연녀만 B로 바꾸어 '내가 수배 중일 당시 내연녀B를 통해 중국밀항을 준비했다'는 내용으로 인터뷰하였다. 게다가 방송에서는 사람들의 흥미를 끌기위해서 인지 JU네트워크의 고소득사업자였던 B를 갑자기 '내연녀A' 자리에 둔갑시켜 대역배우까지 쓰며 '35억 부도수표에 배신감을 느껴 나를 검찰에 제보했다'는 새로운 허위사실을 추가했다.

　당시 나는 '현재 허위 JU국정원 보고서의 여파로 여론이 너무 악화되어 있으니, 서울경찰청에서 진행하고 있는 폴리뉴스 오경섭 기자에 대한 고소 건 수사가 진행되어 최소한 JU국정원 보고서가 모두 허위라는 점이 밝혀 진 후, 검찰에 출석하는 것이 좋겠다'는 나의 변호인이었던 김○철 변호사의 조언에 따라 잠시 피신해있었던 것으로, 중국으로 밀항을 할 생각은 꿈에도 하지 않았다.

※ 'JU국정원 보고서' : 이미 17년 전의 사건이라 세상에 잊혀졌지만, 'JU국정원 보고서'는 내가 이 책을 쓰게 된 동기이고 나와 JU그룹을 무너뜨린 발단이었다. 간단히 말하면 2006년 4월 'JU국정원 보고서'라는 허위문건이 언론을 통해 보도된 후, 갑자기 나와 JU그룹에 대한 검찰수사가 시작되었고, 내가 18년째 감옥에 갇혀있게 된 시발점이었다. 이 'JU국정원 보고서'는 다음 장부터 계속하여 등장할 것이다.

나는 JU사태가 벌어진 이후인 2006. 6. 19.부터 잠시 피신해 있다가, 2006. 7. 26.경 당시 타고 다니던 자동차에 부착된 위치추적장치를 통해 나의 위치를 확인한 검찰에 체포되었음을 아래 기사에서도 확인할 수 있다.

당시 JU그룹이 추진했던 강화도 덕정 온천레저 및 골프장 개발사업의 컨설팅을 담당하였던 C건설 회장 남궁○이 나에게 오피러스 차량을 제공해주었는데, 당시 남궁○이 JU사태와 관련하여 서울동부지검에서 32억 횡령 혐의로 수사를 받는 과정에서 검찰에 수사협조를 하기위해 해당 차량에 위치추적장치를 부착한 뒤 나에게 제공하였던 것이다.

> 주 회장은 오늘 오후 4시 쯤 경기도의 한 전원빌라 앞에서 나오다가 주회장의 자동차에 부착해
> 놓은 위치추적 장치에 의해 검찰에 붙잡혔습니다.
>
> 검찰은 당시 주 회장이 머물던 빌라 안에서 장부 등도 압수한 것으로 알려졌습니다.
>
> 검찰은 일단 주 회장이 도피한 경위와 과정에 대해 조사한다는 방침입니다.
>
> 또 이른바 '소비생활 마케팅' 등 다단계 사기 혐의와 공무상 횡령, 업무상 배임 혐의에 대한 수사
> 를 진행할 예정입니다.

**2006. 7. 26.자 나에 대한 긴급체포 관련 KBS기사**

즉 나는 남궁○의 수사협조로 인하여 체포되었던 것이고, 내가 검찰의 차량위치추적으로 체포되었다는 사실은 체포 당시 실시간으로 보도되었던 것은 물론이고, 지금까지도 관련 기사가 많이 남아있어 손쉽게 검색할 수 있다. 그럼에도 불구하고 정희상 기자는 언론인으로서 기본적인 사실확인 조차 게을리한 채 '나의 내연녀인 여성회원B가 35억 부도어음을 제공받은 것에 배신감을 느껴 나를 검찰에 제보하였다'는 흥미위주의 새빨간 허구를 적시하여 나를 도덕적으로 파렴치한 사람으로 묘사하며 거짓뉴스를 퍼뜨리고 있다.

# 주수도로 인하여 퇴역군인이 자살했다고?

〈최근 〈채널A 블랙2〉에서는 내가 운영하던 JU네트워크 회사에 투자 하였던 퇴역군인이 나로 인하여 투자실패를 비관하며 자살하였다는 허위의 사실을 대대적으로 방송하였다.〉

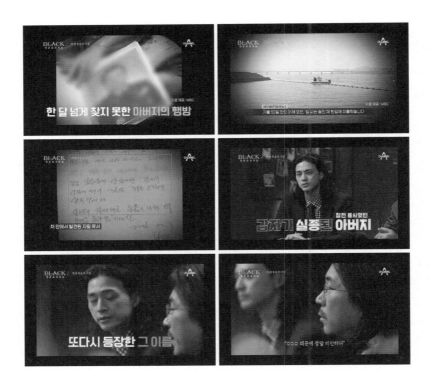

[그림] 2023. 4. 8. 〈채널A 블랙2〉 방송내용

〈채널A〉에서 방송한 위 퇴역군인 자살사건은 2006년 12월 12일 MBC PD수첩에서 이미 방송되었던 내용으로, 법원의 판결로 명백히 허위사실임이 드러났던 것인데, 〈채널A〉에서 악마의 편집을 하여 재탕한 것이다.

### 1) 2006년 12월경 1심 재판 중 언론에서 대대적으로 '퇴역군인 자살사건'을 보도하며 떠들썩해졌다 : MBC PD수첩 3탄 방영

나에 대한 1심 재판이 막바지에 치닫고 있던 2006년 12월 12일경 MBC PD수첩 등 전 언론이 갑자기 잠수대교에서 퇴역군인이 자살한 사건을 대대적으로 보도하며 JU 사건은 다시금 세간의 주목을 받았다. 당시 '퇴역군인이 JU사건으로 피해를 봐서 빚에 허덕이다가 자살을 했는데 시신도 찾지 못하였다'고 잠수대교에서 퇴역군인의 아들이 비를 맞으면서 울먹이며 인터 뷰를 하는 것이 전 언론에 보도되었고, 국민들의 공분을 샀다.

그러자 MBC PD수첩은 'JU 사기 사건이 어떻게 가능하였는 가'라는 제목으로 대대적인 3탄 특집 방영을 하였고 여론이 들 끓었다. 이에 검찰총장은 이 보도와 더불어 JU 사건을 '단군 이 래 최대 사기사건으로 명명하여 엄벌에 처할 수 있도록 하겠다' 고 기자들에게 공언함으로서, 처음으로 '단군 이래'라는 수식어 가 붙었다.

판결이 나기도 전에 나는 이미 '단군 이래 최대 사기꾼'이 되 었고, 1심 재판 중 무죄다툼을 하고 있던 나의 입장에서는 참으 로 참담한 상황으로 치달았다.

그리고 2007년 나에 대한 선고 예정일(2007년 2월 5일)을 일주일 앞둔 2007년 1월 29일경 위 자살한 퇴역군인의 시신 이 팔당댐에서 발견되었다는 보도가 전 언론을 통해 다시 대서 특필 되는 악재가 발생했다. 이러한 언론보도로 여론이 들끓고 있는 상황은 재판부에 상당한 부담을 줄 수밖에 없었을 것이다.

심지어 1심 사건 재판부는 판결문 상 불리한 양형의 이유로 '자살의 유혹에 빠뜨렸다'고 적시하여, 결국 퇴역군인 자살 사건이 재판부가 나에 대한 유죄심증을 굳히는데 상당한 영향을 미쳤음을 알 수 있다.

## 2) 퇴역군인 자살사건에 대한 진실찾기

당시 MBC 등 언론에서는 유족들과 인터뷰까지 하면서 퇴역군인이 'JU사건의 피해자'라는 사실은 의심의 여지가 없는 듯 보도하였다. 나는 개인적으로 MBC PD수첩의 행태에 대하여 여러 가지 의구심은 있었지만, 언론에서 너무도 확정적으로 'JU사건의 피해자'라고 보도하기에 이를 의심하지 않았다. 나의 재판에 대한 불리를 떠나서 JU회원 중 한 명이 안타까운 선택을 한 것에 대하여 나 역시 이루 말 할 수 없는 괴로운 심정이었고 진심으로 고인의 명복을 빌었다.

항소심을 앞둔 나로서는 자살한 퇴역군인의 피해가 실제로 얼마나 되었는지 JU전산담당자에게 확인을 요청하였고, **놀랍게도 '자살한 퇴역군인은 더 이상 JU회원이 아니었고, JU의 피**

**해자도 아니었음**'을 확인하게 되었다.

MBC PD수첩에서 퇴역군인의 자살에 대하여 1시간짜리 특집으로 방영할 정도였기 때문에 나로서는 JU의 피해자인 것을 의심할 수 없는 상황이었다. 그런데 이 사실을 알고 나는 '언론이 어떻게 이렇게까지 최소한의 사실 확인 조차 하지 않고 거짓을 진실로 만들 수 있는지' 경악할 수밖에 없었다.

기사를 도배하듯 하였던 전 언론을 상대로 소송을 할 수는 없었고, 그래도 나는 '진실을 밝히기 위해서', 가장 악질적으로 퇴역군인 자살사건을 보도하였던 MBC뉴스데스크와 MBC PD수첩만을 상대로, 1심 선고 이후인 2007년 3월 9일 서울남부지방법원에 민사상 손해배상청구를 하였다(마음 같아서는 형사고소까지 하고 싶었지만, 재판이 진행되는 중에 형사고소까지 하는 것은 가능한 자제하라는 변호인들의 설득에 하지 않았다).

나는 2007년 10월 11일 대법원에서 JU사건으로 12년 확정판결을 받았고, <u>**그로부터 14일이 지난 2007년 10월 25일에야**</u> 서울남부지방법원은 JU의 MBC PD수첩 및 MBC 뉴스데스크의 허위보도에 대한 정정보도 청구 및 손해배상청구 소송에서 JU와 주수도에게 승소판결을 선고하였다. 그 결과 MBC는 아래와 같이 '퇴역군인 자살사건은 JU, 주수도와 관계없다'는 정정보도를 하였다. 하지만 이미 나는 대법원에서 12년 형의 확정 판결을 받은 이후였다.

**제이유그룹 관련 보도에 대한 정정보도문**

본 방송은 2007. 1. 29. 방송한 뉴스데스크 "다단계 실패 퇴역군인 투신"이라는 프로그램에서 김모씨가 다단계 업체인 제이유네트워크 주식회사에 월급과 연금 등 3억 5천만 원을 투자하였지만 빚만 지게 되자, 2006. 12. 한강 잠수교에 투신을 하였다는 내용의 보도를 하였습니다.

**제이유그룹 관련 보도에 대한 정정보도문**

그러나 사실 확인 결과 김모씨가 2001. 3. 주수도의 강의를 듣고 제이유네트워크 주식회사에 회원으로 등록하고, 위 회사 계열사의 주식을 매입하였고, 2002. 9. 경까지 사이에 총 21,043,000원의 구매실적을 올렸으나 그 중 2002. 7. 30. BC카드와 LG카드로 구입한 합계 20,053,000원에 대해서는 2002. 9. 18. 구매를 취소하고, 그 무렵 탈퇴한 사실이 있을 뿐이어서 2006. 12. 한강 잠수교에서 투신한 김모씨의 자살이 제이유네트워크 주식회사, 주수도와 직접적인 관련은 없는 것으로 밝혀졌기에 바로잡습니다. 끝.

MBC의 퇴역군인 자살사건은 JU와 관계없다는 취지의 정정보도문

### 3) 2023. 4. 8. 〈채널A 블랙2〉 악마의 편집 및 방송

그런데 위와 같이 약 16년 전 이미 법원은 '퇴역군인 자살과 JU, 주수도는 아무런 상관이 없으므로', MBC의 주수도에 대한 명예훼손죄가 성립된다고 판단하여 손해배상 및 정정보도까지 명하였고, 이어 MBC PD수첩이 정정보도까지 한 사안임에도, 2023. 4. 8. 〈채널A 블랙2〉라는 프로그램에서는 '주수도로 인하여 퇴역군인이 자살하였다'고 방송하면서 위 MBC PD수첩의 영상을 다시 방영하기도 하였다.

특히 아래에서와 같이 퇴역군인 김 씨의 유서 내에는 **'아들, 딸, 대학공부 마치고 그나마 (중략) 정말 남부럽지 안았지만 집이이 이렇게 되니 정말 죄송스럽게 생각합니다. 안녕히 잘 계세요. 눈물이 나와 더 쓰지를 못하겠습니다'**라고 명시되어 있다. 이 사건 방송에서는 퇴역군인의 김 씨의 유서에 **'아들, 딸, 대학공부 잘 마치고 정말 남부럽지 않았는데 주수도 때문에 정말 미안하다. 안녕히 잘 계세요'**라고 적혀있다고 적시하여 <u>유서의 내용까지 조작</u>하여 나를 비방하는 방송을 하였다.

## 〈채널A 블랙2〉 방송 내 퇴역군인 김씨 유서의 조작

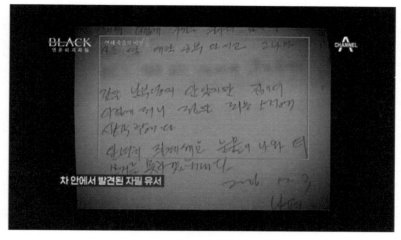

〈채널A 블랙2〉에 나온 퇴역군인 김씨의 자필유서

아들, 딸, 대학 공부 잘 마치고 정말 남부럽지 않았는데 OOO 때문에 정말

미안하다. 안녕히 잘 계세요.

유서에 또 그 이름이 등장하네요.

네, 또 그 이름이지요.

〈채널A 블랙2〉에서 조작하여 적시한 퇴역군인 김씨의 자필유서

이미 2007년 법원에서 허위사실로 확정판결까지 나서 정정

보도까지 했던 사안을, 2023년 방송에서 버젓이 보게 될 줄이

야! 〈채널A〉라는 주요방송사의 언론인들이 방송 전에 사실을

확인할 의무도 다하지 않고, 충분히 확인이 가능하였던 상황이

었음에도, 유서의 내용까지 조작해가며 악의적인 비방을 한 저

의가 어디에 있는지.. 언론이 언론으로서의 직업윤리를 저버리고, 시청률을 올리고 사람들의 관심을 끌기 위해서 법원의 판결을 무시하고 인격살인을 한다면, 어떻게 언론이겠는가, '흉기'나 다름없다.

현재 나는 〈채널A 블랙2〉 제작진과 주요 사실을 제보하고 방송에 출연한 시사IN 정희상 기자를 상대로 형사 고소 및 민사상 손해배상 청구를 한 상황이다.

# JU공유마케팅이
# 매출액의 250% 수당 지급이라고?

[그림] 2023. 4. 8. 〈채널A 블랙2〉 방송내용

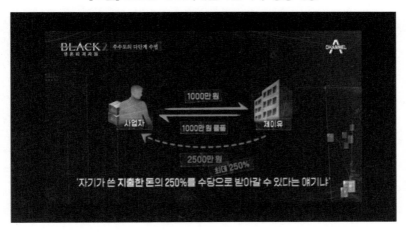

방송에 출연하였던 정희상 기자 등은 위 그림을 보여주며, 주수도가 JU네트워크 회원들에게, 회원이 JU네크워크 내에서 판매하고 있는 상품을 구매한 금액의 250%에 해당하는 돈을 수당으로 지급한다고 사기를 치면서 회원들의 돈을 편취하였다고 허무맹랑한 허위주장을 하였다.

정희상 기자는 〈채널A 블랙2〉에 출연하여, 내가 JU네트워크를 운영하면서 위 그림처럼 'JU회원이 1,000만 원어치 물건

을 사면, 물건도 주고 추가로 2,500만원(250%)을 수당으로 준다'는 돈키호테 식 마케팅으로 사람들을 현혹하였다는 터무니 없는 허위사실을 퍼트리고 있다. 〈채널A 블랙2〉 제작진 또한 아무런 사실확인도 없이, 정희상 기자의 말을 앵무새처럼 반복하였다.

하지만 지출한 돈의 250%를 수당으로 지급해 준다는 것은 그 자체로 있을 수 없는 사기행위이고, JU의 다단계마케팅 플랜과는 전혀 다른 내용이다. 그럼에도 수많은 언론들은 JU의 다단계마케팅 플랜을 비상식적인 것처럼 왜곡하여 나를 터무니 없는 사깃꾼으로 비방하고 있다.

JU의 '소비생활마케팅'에 따른 수당지급은 기본적으로 '회원가(=외형매출, 회원이 물품을 구입하기 위해 실제로 지급하는 비용)'를 기준으로 산정하는 것이 아니라 PV(SP)가(Point Value=PV, Selling Point=SP)를 기준으로 산정되었다. 여기서 PV(SP)가란, 회원가에서 매입원가, 세금, 관리비, 회사이익 등을 공제하여 정해지는 것이다. 예를 들어 '행복담은 영양밥 골드'라는 상품을 회원에게 30,000원에 판매하였다면, 회원가는

30,000원, PV가는 6,900원(회원가에서 원가, 이익 등 23,100원을 공제한 가격)이 되는 것이다. 기본적으로 수당지급은 회원가인 30,000원이 아니라 PV가 6,900원을 기준으로 산정된다.

　그리고 이 PV가 기준으로 120만 PV가 되어야 1점이 되고, 1점이 되었을 때 비로소 120만 PV가의 250%인 최대 300만 원까지 수당을 받으면 1점이 소멸되는 구조이다. '120만 PV = 1점'을 달성하는 데는 외형매출이 얼마가 되는지는 구매하는 상품에 따라서 달라진다. 예를 들어서 외형매출이 2,000만 원이 되어 1점을 달성할 수도 있고, 외형매출이 1,000만 원이 되어 1점을 달성할 수도 있는 것이다.

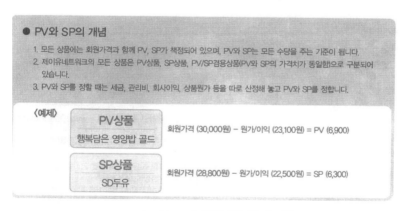

**● PV와 SP의 개념**
1. 모든 상품에는 회원가격과 함께 PV, SP가 책정되어 있으며, PV와 SP는 모든 수당을 주는 기준이 됩니다.
2. 제이유네트워크의 모든 상품은 PV상품, SP상품, PV/SP겸용상품(PV와 SP의 가격치가 동일함)으로 구분되어 있습니다.
3. PV와 SP를 정할 때는 세금, 관리비, 회사이익, 상품원가 등을 따로 산정해 놓고 PV와 SP를 정합니다.

〈예제〉

| PV상품 | |
|---|---|
| 행복담은 영양밥 골드 | 회원가격 (30,000원) - 원가/이익 (23,100원) = PV (6,900) |

| SP상품 | |
|---|---|
| SD두유 | 회원가격 (28,800원) - 원가/이익 (22,500원) = SP (6,300) |

**JU네트워크 마케팅플랜 책자 4쪽**

어찌되었거나 세간에서 '회원들이 구매하는 물건의 값의 250% 수당을 준다'는 말은 나와 JU네트워크의 마케팅 플랜을 허무맹랑한 사기로 만들기 위해 고의적으로 'PV가' 기준이라는 점을 누락한 말로, 전혀 사실과 다르다. 시사IN의 정희상 기자는 여러 언론과 방송에 나와 나를 '돈키호테 같은 허무맹랑한 사깃꾼'으로 매도하면서, 'PV가' 기준으로 1점씩 달성해야만 수당을 받을 수 있다는 명백한 진실을 고의적으로 숨기고 있었다.

만약 내가 '자기가 지출한 돈의 250%'를 수당으로 지급하겠다고 하였다면 이는 명백히 마케팅 그 자체가 사기가 되는 것이지만, 나에 대한 항소심 재판부는 아래에서와 같이 'JU의 마케팅 자체는 사기가 아니다'는 결론을 내기까지 하였다.

「앞서 살핀 JU네트워크와 JU백화점의 마케팅 플랜과 영업방식의 골자 그 자체가 기망행위에 해당한다」라고는 볼 수 없다.

**나의 항소심 사건 판결문 17쪽**

# 주수도의 은닉재산이 2조 6천억 원이다?

**[그림] 2023. 4. 8. 〈채널A 블랙2〉 방송내용**

정희상 기자는 〈채널A 블랙2〉 방송에 출연하여 위 사진에서처럼 주수도가 숨겨놓은 은닉재산이 2조 6천억 원대라는 허무맹랑한 허위주장을 하였다.

나에 대하여 끊이지 않는 가짜뉴스는 내가 어마어마한 은닉재산을 숨기고 있고, 은닉재산의 규모가 2조 6천억 원에 이른다는 것이다.

정희상 기자 등을 필두로, 세간에서 나에 대해 어떠한 근거도 없이 '주수도가 숨겨놓은 은닉재산이 2조 6천억 원대에 이른다'는 일방적인 주장을 하고 있다. 심각한 사실은 이들이 라디오, TV방송에까지 나와 사실인 냥 가짜뉴스를 당당하게 떠들고 있고, 사람들은 아무 근거가 없음에도 이를 진실로 믿어버린다는 것이다.

하지만 나에 대한 항소심 재판부 또한 나에 대하여 "피고인 등이 처음부터 확정적 사기의 의도를 가지고 이 사건 마케팅플랜을 만들고 이에 따른 영업을 시작한 것은 아니라는 점(**특히 피고인 등이 '처음부터 덫을 놓고 피해자들을 유도한 희대의 사기범'이라는 세간의 인식에 다소 지나친 일면이 있는 것은 사실이다**), 원심 판결 판시 범죄사실에 기재된 피해자에는 매출액보다 많은 수당을 지급받은 피해자도 포함되어 있고, 피해액에는 취득 점수에 따라 지급받은 수당액이 공제되지 않은 채 매출액

전액이 피해액으로 인정되어 있어, **실질적인 피해자 또는 피해액과는 상당한 괴리가 있는 점**"이라고 판시하였다.

가. 피고인 지용남을 제외한 나머지 피고인들

① 피고인 등이 처음부터 확정적 사기의 의도를 가지고 이 사건 마케팅플랜을 만들고 이에 따른 영업을 시작한 것은 아니라는 점(특히 피고인 등이 '처음부터 덫을 놓고 피해자들을 유도한 희대의 사기범'이라는 세간의 인식에 다소 지나친 일면이 있는 것은 사실이다), ② 원심 판결 판시 범죄사실에 기재된 피해자에는 매출액보다 많은 수당을 지급받은 피해자도 포함되어 있고, 피해액에는 취득 점수에 따라 지급받은 수당액이 공제되지 않은 채 매출액 전액이 피해액으로 인정되어 있어, 실질적인 피해자 또는 피해액과는 상당한 괴리가 있는 점, ③ 적지 않은 피해자들이 당심 재판과정에서 피고인 등의 석방 또는 위 피고인들에 대한 선처를 탄원하고 있는 점은 위 피고인들에게 참작할 만한 사정이다.

**나에 대한 항소심(서울고등법원 2007노687 사건) 판결문 55~56쪽 일부발췌**

나는 비자금이나 은닉재산을 굳이 조성할 이유가 없었다.

왜냐하면, 첫째 JU그룹의 핵심 주요회사들의 주식 지분 100%가 내 개인 소유였다. 즉, 사실상 나의 1인 소유회사였다. 그렇기 때문에 굳이 비자금을 조성하지 않아도 필요한 자금은 언제든지 합법적으로 사용할 수 있었다.

둘째, 솔직히 당시 나는 JU가 망할 것이라고는 정말 생각하지 못했다. '날조된 JU국정원 보고서' 같은 것이 어느 날 세상에 튀어나와 검찰수사가 개시되고 그룹이 무너질 것이라는 생각을 어느 누가 할 수 있었겠는가! JU국정원 보고서는 모두 허위임이 밝혀졌다. 내가 JU국정원 보고서 상에 나오는 불법행위 중 한 건이라도 하고 있었다면 만일의 사태에 대비하여 비자금을 숨겨둘 생각을 하였을지는 모르지만, 그때의 나는 JU가, 그것도 국가권력기관인 국정원이 작성한 허위보고서로 한순간에 무너질 것이라고는 예상할 수도, 상상할 수도 없었다.

나는 2005년 말경 내 개인재산인 경기CC 지분의 50%를 호남건설에 150억 원에 매도한 후, 매매대금으로 받은 현금 50억 원은 회사 운영자금으로 사용하도록 해주고, 나머지 호남건설 약속어음 7매 합계 100억 원을 지급받아 보관하고 있었다. 그런데 2006년 5월경 JU사태가 발발하여 내가 언제 구속될지도 모르는 상황이었음에도, 강남세무서에서 JU네트워크에 대한 체납처분으로 JU네트워크의 건물을 공매하겠다는 통보를 받았고, JU네트워크의 건물이 공매되어 버리면 회사를 운영할 수 없을 뿐만 아니라 피해자가 발생할 수도 있어, 건물의 공매를 막아야한다는 생각으로 개인재산인 약속어음 7매(100억 원)를 강남세무서에 체납세금으로 납부하기도 하였다. 그 어음들은 내가 구속된 이후인 2006년 말경까지 모두 결제되었다.

이처럼 나는 어려운 상황에서도 회사를 살리기 위해 100억 원에 달하는 개인자금을 JU네트워크의 세금으로 납부하기도 하였을 뿐만 아니라, 2009년 6월호 월간조선 기사에서도 확인할 수 있듯이, 나의 사건 항소심 재판장은 선고기일에 "재판장인 저는 여러분(JU그룹 회원)의 회장이 일반적인 의미에서 나쁜 사기꾼이 아니라는 걸 알았습니다. 세상에서는 회장인 피고인을 단군 이래 최대의 사기꾼이라고 보도하고 있습니다. 그렇

"피고는 전형적인 사기꾼이 아니다"(2심 재판부)

서울구치소 정문 모습.

"재판장인 저는 여러분(JU그룹 회원)의 회장이 일반적인 의미에서 나쁜 사기꾼이 아니라는 걸 알았습니다. 세상에서는 회장인 피고인을 단군 이래 최대의 사기꾼이라고 보도하고 있습니다. 그렇지만 재판장인 저는 피고인이 그렇게 매도 당할 만한 영악한 사기꾼이 아니라는 걸 이제는 알고 있습니다. 모든 걸 善意(선의)로 생각하고 있습니다. 사기꾼들은 이익을 챙겨 빠져나갈 줄을 압니다. 그러나 피고인은 그러지 않았습니다. 전형적인 사기꾼하고는 다른 모습이었습니다."

2심 재판부는 그에게 씌워진 '사기꾼'이라는 명예를 풀어줬다. 하지만 재판부는 주 회장에 대해 미필적 고의에 의한 사기 혐의를 적용하여, 1심 재판부가 선고한 12년형을 유지했다.

**2009년 6월호 월간조선 기사 [옥중인터뷰] 주수도 JU그룹 회장**
**"노무현 정권의 실세와 국정원 간부 등 검찰에 고발" 기사 2쪽**

지만 재판장인 저는 피고인이 그렇게 매도당할 만한 영악한 사기꾼이 아니라는 걸 이제는 알고 있습니다. 모든 걸 선의로 생각하고 있습니다. **사기꾼들은 이익을 챙겨 빠져나갈 줄을 압니다. 그러나 피고인은 그러지 않았습니다.** 전형적인 사기꾼하고는 다른 모습이었습니다"라고 선고하기도 하였습니다.

JU사태의 시발점이 되었던 'JU국정원 보고서' 상에도 '주수도가 2,000억 원대의 비자금을 조성하고, 상당한 금원을 해외에 밀반출하였다'는 내용이 있었으나, 서울동부지방검찰청 및 서울중앙지방검찰청에서 나를 수사한 끝에 JU국정원 보고서 상 내가 비자금을 조성하고 자금을 해외 밀반출하였다는 내용은 상당부분 과장되었거나 구체적인 점에서 사실이 아님이 확인되었다. (이 'JU국정원 보고서'에 대해서는 다음 장에서 자세히 이야기 하겠다.)

시사IN 정희상 기자가 스스로를 '탐사보도 전문기자'라고 자랑까지 하면서, 법원의 판결과 검찰의 수사 결과가 나온 사실조차 확인하지 않고 거짓 뉴스를 당당히 퍼뜨리는 현실이 개탄스러울 뿐이다.

# 루보주가조작 주범 김영모가 'JU 부회장'이었다고?

---

※ 루보주가조작 주범 김영모는 'JU 부회장'이 아니었고, 루보주가조작 사건과 나는 아무런 상관이 없음에도, 지금도 주가조작 사건이 발생할 때마다 루보주가조작 사건이 부활하여 재방송되면서 계속 언론에 JU그룹과 나의 이름이 오르내리고 있다. 최근에는 〈KBS 시사기획 창〉, 〈종갓집 주식 유튜브〉, 〈TVN 알쓸범잡〉 등에서 이와 같은 허위사실을 계속해서 퍼트리고 있다.

    내가 2007년 중순경 JU사건으로 항소심 재판을 받던 중, **나와 아무런 연관이 없는 루보 주가조작 사태**가 발생하였고 사회적으로 큰 이슈가 되었다. 그런데 전 언론이 루보 주가조작 사태에 대해 주수도가 마치 배후인물인 것처럼 연일 보도하면서 여론이 더욱 악화되었다.

    2006년도 7월 26일 내가 구속된 이후 김영모 회장이라는 사람이 JU 임원에게 JU 그룹을 홍콩의 겐팅 그룹에 5,000억 원에 매각해주겠다고 접근하였다. 성동구치소에서 수감되어 있던 나는 그 소식을 보고받고 '매각협상을 할 수 있으면 한번 해보라'고 했다. 그런데 김영모는 JU그룹을 매각해준다고 접근하였으면서, 정작 매각하는 데는 관심 없고 JU그룹의 판매원 조직에만 관심이 있었다. 결국 매각협상은 전혀 진행된 것도 없었고, 김영모는 **'나도 모르게'** JU 상위 조직원들을 현혹하여 상당수 판매원들을 데리고 나간 후 JU와 별도로 사무실을 차렸다. 그 후 김영모는 조직원들과 함께 루보(코스닥 상장 기업) 주가 조작을 대대적으로 하였다. 그런데 언론은 나의 항소심 재판 중에 마치 내가 배후인물처럼 언론에 보도하기 시작하여였고, 당시 나의 악명(?) 덕에 큰 화제가 되었다. 나는 당시 정관계 로비 조사를 받고 있던 서울중앙지검 특수1부 최재경 부장검사에게 "나는 루보 주가 조작과는 전혀 관련이 없고 전혀 알지 못하는 사실이다. 당시 루보주가 조작을 수사했던 서울중앙지검 금융조사부에 이 부분을 적극 소명해서 언론에 루보 주가 조작과는 아무런 상관없는 나의 이름이 나오지 않게 해 달라"고 부탁하였다. 나의 억울함을 인정한 최재경 부장검사가 금융조사부에 이야기해서 그 다음부터는 내 이름이 루보주가조작과 관련하여 언론에 보도되지 않았다.

김영모는 JU그룹의 부회장(루보 주가 조작 당시 김영모가 JU그룹 부회장 명함을 임의로 제작하여 사용했던 것을 나중에 알게 되었다)을 한 적이 전혀 없었음에도, 이 루보 주가 조작 사태 이후 17년 이상이 지난 지금까지도 김영모가 제이유 그룹의 부회장이라고 잘못 보도되고, 그렇다보니 자연스럽게 마치 내가 연관된 것처럼 잘못된 보도가 나가고 있다.

# 서해 2-2광구 석유 시추로 주가조작을 했다?

———

2006년 4월경 MBC PD수첩 등에서 서해2-2광구 석유 시추에 내가 투자를 하여 상장기업인 세신(주) 등에 주가조작을 하였다는 의혹을 불러일으켰다.

의혹제기 이후, 서울동부지검과 서울중앙지검 특수1부에서는 검사실 한 곳을 금융감독원에서 파견된 직원과 함께 주가조작 조사를 담당하게 하여, 나를 상대로 약 2년 간 철저하게 수사하였다.

하지만 나와 세신(주) 등이 석유시추 관련하여 주가조작을 시도한 정황은 전혀 발견되지 않았고, 결국 혐의를 벗었다.

MBC PD수첩은 악마의 편집으로 무려 JU와 나에 대하여 1탄, 2탄, 3탄에 이르는 의혹보도를 악질적으로 하였다.

# 서울구치소에 계속 수감될 수 있도록
# 허위고소를 사주했다?

———

※ 지금 세간의 여러 언론에서 내가 서울구치소에 계속 수감되어 있으려고 허위고소를
사주했다는 허위보도가 난무하고 있어 사실관계를 밝히고자 한다.

## 1) 이용섭 감사가 나를 근로기준법 위반으로 고소하게 된 경위

2016년 10월 17일 내가 서울구치소에서 공주교도소로 이송되었고, 10월 18일 날 하은정 변호사가 공주교도소로 변호인 접견을 왔다. 하변호사는 앉자마자 "회장님, 큰일났습니다. (당시 나를 대리하여 법원 우편을 송달받던) 이용섭 감사가 서울행정법원에서 온 중요한 우편을 받지 못했습니다"고 하였고, 당시 너무도 중요한 우편(내가 제기 한 중국 금사력가우 지분에 대한 압류무효소송에 대해서 서울시가 이의한 것이라 즉각 대응이 필요한 상황이었다)이기 때문에 반드시 송달받아야 한다고 하변호사와 이용섭 감사에게 여러 차례 신신당부하였던 나는, 하

변호사의 말에 순간 불같이 화를 내었다. 당시 내가 경제적으로 많이 어려운 처지여서 하변호사와 이용섭 감사에게 선임료와 급여를 지급하지 못하고 있었다. 그 부분에 감정이 쌓일 수밖에 없었던 하변호사는 "회장님! 일을 시켰으면 돈을 주셔야지 돈은 안 주고 화만 내면 어떡합니까. 중간에서 전달하는 저는 뭐가 됩니까"라고 하였고, 이 말에 나도 자존심이 상하고 화가나 "그럼 이용섭 감사에게 근로기준법으로 나를 고소해서 돈 받을 게 있다는 증빙을 남기고 일이나 똑바로 하라고 전하세요"라고 맞수를 놓았다.

이 날 나와 한바탕 하고 떠난 하은정 변호사는 다음 날 이용섭 감사가 나를 근로기준법으로 고소하도록 실행에 옮겼다. 하지만 이용섭 감사의 고소는 근로기준법에 해당 되지 않아 곧바로 '각하'처리 되었다.

하은정 변호사는 나중에 "이용섭 감사를 일을 시키려고 하다보니 어쩔 수 없이 이용섭 감사에게 고소장을 접수하고 증빙을 남기라고 했다"고 말했다. 사실 더 중요했던 것은 "중간에서 이용섭 감사에게 직접 일을 시킨 사람이 하은정 변호사 본인이었기에 내가 이용섭 감사에게 일한 것에 대한 비용을 지불하지 못할 경우 하은정 변호사 본인에게 이용섭 감사가 돈을 달라고 청구할까봐 두려웠던 점도 있었다"고 하였다.

## 2) 서울중앙지검에 고소장이 접수된다고 해서 서울구치소에 계속 머무를 수 없다.

내가 이 건으로 무고교사죄로 기소되어 재판을 받는 중, <u>항소심 재판부가 서울구치소에 사실조회를 한 결과, "형사소송법</u>

법무부

다시 도약하는 대한민국, 함께 잘 사는 국민의 나라

# 서 울 구 치 소

수신   서울중앙지방법원 항소제2형사부
(경유)
제목   2022노144 사실조회서 회신

1. 귀 기관의 무궁한 발전을 기원합니다.

2. 형사재판을 위해 요청하신 "2022노144 사실조회서(2022. 7. 29.)"와 관련하여 형사소송법 제199조에 따라 조회결과, 수용구분및이송·기록등에관한지침 제57조 제1항에 따라 형사사건 고소장 접수만으로는 본소에 계속 수용될 수 없음을 회신합니다.

| 수용구분및이송·기록등에관한지침 제57조 제1항 |
| --- |
| 미결수용자 및 재판 진행 중인 수형자(**기소된 경우에 한정한다**)는 별도의 이송 신청 절차 없이(검사 이송지휘서 추후 송부 가능) 수용구분에 따라 해당 교정시설로 이송한다. – 이하생략. |

끝.

서울구치소 2022. 8. 8.자 사실조회서 회신

_제199조에 따라 조회결과, 수용구분및이송·기록등에관한지침 제_
_57조 제1항에 따라 형사사건 고소장 접수만으로는 본소에 계속 수_
_용될 수 없음을 회신합니다"라는 답변이 왔다._ 즉, 이용섭 감사가
나에 대하여 근로기준법으로 고소장을 접수한다고 해서 내가
'공주교도소'에서 '서울구치소'로 이송될 수도 없다는 사실이 밝
혀진 것이다.

나 역시 2010. 1. 7. 서울중앙지검에 추가형사사건(사기건)
으로 고소장이 접수되어 사건이 계류 중임에도 진주교도소로
이송되었었고, 2016. 10. 17. 서울중앙지검에 휴먼리빙사건(특
경사기등 건)이 여전히 계류 중임에도 공주교도소로 이송되었
기에 서울중앙지검에 고소장이 접수된다고 해서 서울구치소에
계속 머무를 수 없다는 것을 너무나 잘 알고 있었다.

더군다나 근로기준법은 대부분 약속기소(벌금형)로 처벌받
고 이 사건은 내 스스로 '고소하려면 고소해서 돈 받을 것이 있
다는 증빙을 남기고 일이나 똑바로 하라!'고 하였는데, 내가 정
식재판을 청구할 이유도 없기 때문에 더더군다나 재판까지 갈
일이 없으므로 이송과는 아무런 관계가 없다.

그리고 내가 공주교도소에 수감 중일 때 사건이므로 사건화가 되어도 공주지청으로 사건이 이송될 사안이었다.

### 3) 지방교도소에 이송되더라도 변호사접견은 화상변접 등으로 자유롭게 진행할 수 있다.

이용섭 감사가 고소장을 접수한 2016. 10. 20.경은 내가 서울구치소에 계속 머물러야 할 필요성도 없었고 만기출소일 (2019. 5. 25.)이 얼마 남지 않은 시점이었기 때문에 교도소에서 성실히 수감생활을 하며 조금이라도 가석방 혜택을 기대하는 것이 더 나은 상황이었다.

특히 지방교도소에 이송되더라도 화상변접 등을 통해 기존 사건을 맡고 있는 변호사들과도 자유롭게 변호인접견이 가능하기 때문에 굳이 나 같은 기결수에게 교도소보다 더 불편할 수밖에 없는 서울구치소에 수감되어야 할 이유가 없었다.

# 주수도

에 대한

## 마타
## 도어 들

(흑색선전)

# 제2장

나는 정치적 희생양이다

: 노무현 정권 실세들은 '바다이야기'
 수사를 어떤 방식으로 덮었나

**고백 1  내가 세상을 읽는 눈이 부족했다**

*'바다이야기' 사건이 JU그룹과 나를 침몰시킬 수 있다는 영화 같*

*은 사실을 나는 꿈에도 상상하지 못했던 것이다.*

## ① '바다이야기' 사건이란

———

※ 제이유사태의 본질은 노무현 정권의 최대 권력형 비리인 '바다이야기' 사건을 먼저
  설명하지 않으면 이해하기가 어렵다. 최근 여러 유튜브에서 박영수 전 대검 중수부
  장이 '바다이야기' 사건 수사를 덮었다는 사실은 방송되고 있지만, '그 수사를 덮는
  과정'은 아직까지 베일에 쌓여있었다. 그 베일을 벗기고자 한다.

### 1) '바다이야기' 사건이 도대체 뭐길래?

성인오락실에 상품권이 경품으로 사용되기 시작한 2002년
9월부터 2004년 12월까지 2년 반 동안 전체 경품용 상품권의
발행규모는 약 4,000억 원이었는데, 2005년 8월부터 1년간 상
품권 시장규모가 최소 36조~63조원이었다(2006년 이한구 한
나라당 의원 발표자료).

"문화관광부(당시 정동채 장관)는 2004년 12월 31일자 '게임제공업소의 경품취급기준을 변경한다는 내용의 **고시 제2004-14호**'로 고시하였고, 바다이야기 사건이라는 거악이 이 고시에서 본격적으로 시작됐다"

이 고시가 바로 대한민국을 '도박공화국'으로 만든 주범이다.

○ 고시 '제2004-14호'에서는 경품용 상품권 1회 지급 한도를 기존 5만원에서 2만원으로 변경했고, 게임의 결과 획득한 점수를 보관할 수 없게 했으며, 경품이 제공됨과 동시에 기존 게임 기록은 반드시 삭제해야 한다고 규정했다.

"이 고시에 따르면, 1점에 1원씩 하는 게임점수를 최대 2만 점(2만원)까지 쌓으면, 무조건 찾아서 상품권으로 바꿔야 한다. 예전에는 자신이 하고 싶은 만큼 게임하고 모아놓은 점수를 마지막에 환산해서 상품권으로 바꿀 수 있었다. 하지만 이 고시가 발표된 이후에는 수시로 상품권을 찾아야 하는 형태가 되었다. 또 액수도 기존보다 2.5배(5만원에서 2만원으로) 줄어서 필요한 상품권의 수도 (자주 바꿔야 하고, 더 많은 상품권이 필요해

졌기 때문에) 엄청나게 늘었다."

정치권, 언론 등이 바다이야기 사건에서 결정적으로 놓친 게 문화관광부 고시 '제2004-14호'이다.

바다이야기 사건을 복잡하고 어렵게 생각할 필요가 없다.

이 고시를 발표하게 된 주체들에 대한 수사만 제대로 하면 바다이야기 사건 해결의 끈이 풀린다.

"상품권 팔아서 천문학적인 돈을 번 뒷배경" 말이다!

즉, "당시 바다이야기 게임기 쪽에서는 노지원(노무현 대통령 조카), 오락실 쪽에서는 노건평(노무현 대통령 친형)·정화삼 형제, 상품권 쪽에서는 핵심측근 명계남(노사모 회장), 이기명 (노무현 대통령 후원회장) 등이 관여됐다는 등 바다이야기의 모든 분야에 정권 핵심과 대통령 친인척이 관계되어 있었던 것이다. 황금알을 낳았던 **상품권 발행 회사 선정권**을 가졌던 한국게임산업개발원(원장 우모씨는 IT업계 '노사모'라는 '헌정포럼' 출신) 인허가 문제 등이 바다이야기 사건의 핵심이지만 어찌된 영문인지 수사에서 제외했다고 들었다."

'바다이야기'가 노무현 정권 최대 '권력형 비리 사건'이라고 하는 이유는, 바로 **문화관광부 고시 '제2004-14호'를 바꾸게 한 뒷배경**'과 '**이 고시변경에 따라 황금알을 낳게 된 상품권 발행 회사의 선정권을 좌지우지한 주체**', '**게임기 개발**', '**오락실**', '**상품권 발행업체**'를 장악하고 있던 주체가 모두 정권 핵심과 대통령 친인척으로 일치하기 때문이다!

## 2) 서울동부지검 형사6부(특수부) '바다이야기' 수사 시작

상품권 발행업체를 심사하고 지정하는 한국게임산업개발원이 위치한 서울 광진구의 테크노마트를 관할구역으로 하는 서울동부지검 형사6부(담당검사 황의수)에서 2005. 12. (대검의 첩보자료를 토대로 정치권 등의 로비의혹에 대한) 바다이야기 상품권 관련 수사가 심도있게 시작되어, 바다이야기 사건을 배당받은 '황의수 검사'는 수사착수 한달만인 2006년 1월 상품권을 발행한도를 초과해 발행한 싸이렉스사 대표 길모씨를 구속 기소하였다.

그런데, 주임검사였던 이형철 당시 형사6부장검사가 부임 6

개월만인 2006년 2월 광주지검 공안부장으로 발령이 났지만, 담당이었던 황의수 검사는 바다이야기 수사를 계속 진행하였다(※ 황의수 검사는 한번 시작한 사건은 결코 포기하는 법이 없는 집요한 검사로 소문이 나있었다.).

### 3) 서울동부지검 형사6부의 바다이야기 수사를 중단시키다.

서울동부지검 형사6부(특수부) 황의수 검사가 바다이야기 수사를 고집하자, 노무현 정권의 실세들은 바다이야기 수사를 덮기 위해 혈안이 되어 있었다. 2006년 3월경, 노무현 정권 실세들의 청탁을 받은 국정원의 정보판단실장 김연창(1급)은, 그동안 수집해 놓았던 첩보들을 가공·조작하여 작성해놓았던 소위 'JU국정원 보고서(① 2,000억 원 비자금 조성, ② 150명 정·관계 로비, ③ 외화밀반출 등)'라는 문건을, 박영수 대검중수부장을 찾아가 넘기면서, 서울동부지검 형사6부 황의수 검사에게 JU사건을 배당하여 '바다이야기' 수사를 중단시키도록 요구하였다.

박영수 중수부장은 김연창 국정원 정보판단실장(1급)의 요구대로 관할권이 전혀 없는 JU 사건을 서울동부지검 형사6부 황의수 검사에게 배당시키고 바다이야기 수사를 중단시켰다. 당시 박영수 중수부장은 거의 매일 황의수 검사에게 직접 전화를 걸어 JU 사건 수사를 독촉하고 결과를 확인하는 등으로 더 이상 바다이야기 수사를 진행하지 못하도록 하였다(※ JU그룹은 서울중앙지검이 관할이었고, 서울동부지검은 관할권도 없었으며, 고소·고발이 1건도 없었다).

## 4) 2006년 7월경 바다이야기 사건은 서울중앙지검 마약조직범죄 수사부에 재배당되었다.

2006년 6월 22일 한나라당 주성영 의원이 "노무현 대통령 측근과 여당의원 2명이 바다이야기 상품권 유통과정에서 거액을 챙겼다"라고 국회에서 발언하자 이를 넘겨받은 언론사들에 의해 다시 바다이야기는 공식적으로 회자되기 시작했고 대한민국은 바다이야기로 들끓기 시작했다.

그러자 2006년 7월 초순경 대검찰청은 서울동부지검에 중단되어 있었던 '바다이야기 사건'을 특수부가 아닌 서울중앙지검 마약조직범죄수사부에 재배당하였다.

## 5) 바다이야기 사건, '권력형 비리 수사'에서 '사행성 오락실 불법영업 수사'로 변질되다.

바다이야기 수사가 다시 진행되자마자 당시 노무현 대통령은 청와대에서 "바다이야기는 정책적 오류"라고 선공을 했고, 게임기와 관련됐다는 조카 노지원은 아무런 상관이 없다고 방어했다. 검찰은 즉시 "노지원은 수사대상이 아니다"라고 하였다.

결국 검찰수사는 바다이야기 사건을 단순한 사행성 오락실 불법 영업수사로 막을 내렸고, 권력형 비리 수사는 덮혔던 것이다.

## 6) 주수도, 2009년 5월 바다이야기 사건을 고발하다.

'바다이야기'의 희생양이 되었던 JU그룹의 회장인 나는 2009년 5월 18일 대검찰청에 '바다이야기' 사건 및 '바다이야기' 수사를 덮는데 핵심역할을 하였던 9명(① 정상문 청와대 총무수석, ② 정동채 문화부 장관, ③ 김승규 국정원장, ④ 김연창 국정원 정보판단실장, ⑤ 박균현 국정원 부이사관, ⑥ 이창화 국정원 언론담당관, ⑦ 이기명(노무현 대통령 후원회장), ⑧ 명계남(노사모 회장), ⑨ 노지원(노무현 대통령 조카)을 고발하였다. 당시 내가 '바다이야기' 사건으로 노무현 정권 실세들을 고발한 것은 〈월간조선〉 2009년 6월호에 특종으로 보도되기도 하였다.

<br>

# 고　　발　　장

| 고　발　인 | 주　수　도 |
|---|---|
| | 서울 강남구 역삼동 755-4 역삼 이(e) 편한세상 112동 1002호 |
| | (현재 서울구치소 수용 중) |

| 피고발인 | 1. 정　상　문 (전 청와대 총무비서관) |
|---|---|
| | 2. 정　동　채 (전 문화관광부 장관) |
| | 3. 김　승　규 (전 국가정보원장) |
| | 4. 김　연　창 (전 국가정보원 인천지부장) |
| | 5. 박　균　현 (현 국가정보원 부이사관) |
| | 6. 이　창　화 (현 국가정보원 인사담당 사무관) |
| | 7. 이　기　명 (전 노무현 대통령 후원회장) |
| | 8. 명　계　남 (전 노사모 회장) |
| | 9. 노　지　원 (노무현 전 대통령 조카) |

2006년 7월 26일 구속된 후, 나는 감옥에서 목숨을 걸고 '바

다이야기' 관련 사건들을 추적하여 관련 증거들을 갖고 2009년 5월 대검찰청에 고발하였지만, 고발한지 1주일 후 노무현 전대통령의 서거로 '바다이야기' 사건도 다시 묻혀버렸다.

노무현 전대통령 2009년 5월 23일(토) 새벽에 부엉이 바위에서 뛰어내리는 극단적 선택을 했을 때, 그 날 서울구치소는 접견 및 TV방송 등이 갑자기 중단되어 먹통이 되었는데, 아침 9시 30분경 한 평짜리 독방에 수감되어 있던 나의 감옥 방문이 열렸고 갑자기 나는 교정본부 감사실에서 조사가 나왔다고 하면서 조사실로 끌려갔다.

교정본부 감사관이 나에게 한 첫 번째 질문이 "왜 월간조선(2009년 6월 호,발행은 2009년 5월 18일)에 인터뷰를 하였느냐"였고, 내가 "무엇 때문에 조사하는지 이유부터 말을 해달라"고 하니, 감사관이 "노무현 대통령이 자살했다. 유서에 월간조선 인터뷰 내용을 암시하는 내용이 있어 나를 조사하게 되었다"고 하기에, 도대체 유서 내용이 무엇이냐고 질문하였다. 그러자 "앞으로도 내(노대통령) 측근들이 얼마나 더 고초를 당할지 모르겠고"라는 내용이 포함되어 있다고 이야기하면서, 당시 내가 바다이야기 관련 대검찰청에 고발한 것이 월간조선에 특종으로 보도되었던 것을 지적했다.

그 순간 나는 예감했다. 노무현 전 대통령의 서거로 내가 고발한 '바다이야기' 수사는 영원히 묻힐 것이라는 것을..

결국 노대통령 서거 이후 내가 고발했던 '바다이야기' 사건은 대검찰청에서 서울중앙지검 형사1부로 재배당되어 각하 처리되고 말았다.

나는 대검찰청이 직접 이 명백한 '권력형 비리'의 실체를 밝혀줄 것을 기대하였다. 하지만 고발장 접수 후 불과 일주일이 지났을 때 노무현 전 대통령이 서거하였고, 나의 고발은 영원히 묻히게 되었다.

**②** 김연창 국정원정보판단실장(1급)의 공작

### 고백2. 1등 함부로 하지마라....죽는다!

#### 1) 노무현 정권의 JU국정원 보고서란?

2006년 5월 4일, 동아일보는 'JU 국정원 보고서 파문'을 1면 톱기사로, 3면 '국정원 보고서'의 내용을 자세히 보도하였다. **JU국정원 보고서의 중요내용은 JU그룹의 회장 주수도가 ① 2,000억 원 비자금을 조성하고, ② 정·관계 인사 150명을 상대로 100억 원대 로비를 하였고, ③ 베이징에 60억 원, 필리핀에**

**2006. 5. 4.자 동아일보 1면**

2006. 5. 4. 동아일보 1면 기사

The Dong-a Ilbo 전화 02-2020-0114 구독·배달안내 1588-2020 제26369호 45판

"다단계업체 제이유그룹 정관계 거액 로비"

# 국정원 비자금보고서 파문

┌─ 국정원 보고서 내용 ─┐
● 2000억원 비자금 조성
● 검경·정치권에 100억여원 로비자금 제공
● 베이징에 60억원, 쿤리권에 40억원 밀반출
└───────────┘

당시 동아일보가 보도한 국정원 보고서 주요내용

<u>40억 원 외화를 밀반출하였다는 내용</u>이었다.

## 2) 김연창 국정원 정보판단실장(1급)이 JU국정원 보고서로 노무현 정권의 바다이야기 수사를 덮는 치밀한 공작 과정

※ 이 내용은 내가 당시 김승규 국정원장과 JU국정원 문건 내용을 최초로 보도한 인터넷 신문 폴리뉴스 오경섭 기자를 형사고소 했을 때, 국정원 정보판단실장 김연창(1급), 언론담당관 이창화(5급), 폴리뉴스 오경섭 기자 등의 검찰진술조서, 법원증인 신문조서에 기재되어 있는 내용들이다.

## ※ *김연창 국정원 정보판단실장은 어떻게 JU 국정원 허위문건으로 치밀한 언론공작을 하였나?*

① 2006. 3. 국정원 1급 정보판단실장 김연창이 대검중수부장 박영수를 통해 '바다이야기'를 수사 중인 서울동부지검 형사 6부(특수부) 황의수 검사에게 'JU 국정원 허위문건(2천억 원 비자금 조성, 150명 정·관계로비, 외화 밀반출 등)'을 수사하도록 사건을 배당시켰지만, 황의수 검사가 여전히 바다이야

기 수사를 붙들고 있고 JU수사에 미온적이자, **2006. 4.초경 국정원 1급 정보판단실장 김연창은 국정원 언론 담당관 5급 이창화를 불러서 JU국정원 문건을 넘겨주면서 '언론에 보도 되도록 하라'고 지시하였다.**

② 이러한 지시를 받은 국정원 언론담당관 이창화는 2006. 4. 14. 12:00경 강남 역삼동과 구룡터널 사이에 있는 해남천일 관 한정식 식당에서 폴리뉴스 오경섭 기자를 만나 JU 관련 금품수수리스트(엑셀작업으로 된 문건인데, 정치권, 경찰, 공정위, 군수, 법원, 검찰 관련자 등) 내역을 보여주고 받아 작성하게 하면서 "월간조선이 4. 15. 마감하는 기사에 'JU특집'을 다루기 때문에 가급적이면 그 전에 보도 하는 게 특종 이지 않겠느냐"라고 하였다. 폴리뉴스 오경섭 기자는 4. 15. 오전 월간조선에서 'JU' 관련 특집보도가 있는지를 확인하였 는데 월간조선에서는 누락된 것을 알고서, 이창화에게 전화 하여 "월간조선에서 누락되었는데 굳이 서둘러 보도할 필요 가 있냐"고 했고, 이창화는 "월간조선에 확인해보겠다"고 하 면서 전화를 끊었다.

③ 그리고 같은 날(2006. 4. 15.) 23:00경 서울 강남구 청담동 소재 '뒤쌍'이라는 카페에서 이창화가 폴리뉴스 오경섭 기자를 다시 만나 국정원 내부 보고문건을 월간조선 봉투에 들어 있는 채로 전해주었다. 그러면서 이창화는 "2006. 4. 18. MBC PD수첩에서 'JU' 관련 특집 보도를 할 예정이니 그 이전에 특종으로 폴리뉴스에서 먼저 보도하라"고 하였다.

④ 특종에 욕심이 난 폴리뉴스 오경섭 기자는 2006. 4. 17. JU 국정원 문건 내용을 최초로 보도하였다(주수도는 2006. 4. 18. 폴리뉴스와 오경섭 기자를 서울경찰청에 형사고소 하였는데, 다만 2006. 4. 17.자 폴리뉴스 기사에는 '국정원'이라는 출처에 대한 언급은 없었다).

⑤ 2006. 4. 18. 국정원 언론담당관 이창화가 오경섭 기자에게 말한 대로 JU 관련 MBC PD 수첩 1탄이 방영되었다(이때도 '국정원'이라는 출처 언급은 없었다).

⑥ 2006. 4. 24. 서울동부지검 형사6부(특수부)가 JU에 대한 첫 압수수색을 실시하였다. → *'바다이야기' 수사중단! 김연창 정보*

***판단실장의 공작대로 언론에 먼저 터트려 검찰 수사 착수에 성공!!!***

⑦ 2006. 4. 25. MBC PD수첩 JU에 대한 2탄을 방영하였다(이
    때까지도 '국정원'이라는 출처 언급은 없었으며, 서울동부지
    검이 JU에 대하여 압수수색을 하고, MBC PD수첩 2탄을 방
    영하자, 여러 언론에서 'JU 금품로비의혹'을 보도하였다).

⑧ 2006. 4. 27. 국회정보위원회에서 한나라당 권영세 의원이
    폴리뉴스로부터 입수한 문건의 작성 주체를 김승규 국정원
    장에게 질문하였고, 당시 그 자리에서 답변을 하지 못했던
    김원장은 2006. 5. 2. 국정원 간부를 권영세 의원에게 보내
    "국정원에서 작성한 것이 맞다"고 확인해주었다.

⑨ 2006. 5. 4. 동아일보 1면과 3면을 통해 「국정원 비자금 보
    고서 파문」을 톱뉴스로 하여 '국정원 보고서'라는 출처를 처
    음 보도하였다. → *이때부터 국정원 보고서는 JU사태의 태풍의
    눈이 되었고 수사가 진전되면서도 계속 언급되며 JU사태에 막대
    한 영향을 미치게 된다!!*

⑩ 법적 책임까지 고려한 김연창 국정원 정보판단실장의 치밀한 언론공작? (2008. 2. 21.자 국정원 5급 이창화에 대한 서울중앙지방검찰청 검찰신문조서 내용 중)

국정원 언론담당관 이창화는 검찰수사과정에서, "폴리뉴스는 당시 정치 인터넷 뉴스에서는 알려져 있지만, 대중적 인지도에서는 떨어지는 매체인데 그런 기자에게 위와 같은 중요한 서류를 제공한 이유는 무엇이었나요"라는 검사의 질문에, **"폴리뉴스가 인지도가 떨어지는 것은 사실이지만, 인터넷 뉴스 매체의 특성상 전파성이 강하고 다른 언론 매체에서 인용 보도하면 사실상 같은 효과를 내기 때문에** 언론매체를 선택한 것은 큰 의미가 없었습니다"라고 답하였다.

**즉, 이렇게 JU국정원보고서가 유출되는 과정을 보면, 김연창 국정원 정보판단실장이 JU와 관련해서 얼마나 치밀하게 공작을 했는지 알 수 있다. 김연창의 지시를 받은 이창화는 먼저 중요매체에 접근했지만 잘 되지 않으니까 일반인들에게 전혀 알려져 있지 않은 인터넷 신문을 이용한 것이다. 이렇게 인터넷 신문에 보도가 되면 정치권에서 움직일 것이고, 그러면 당연히 중요매체들도 보도할 것이라는 것을 충분히 감안했던 것이다.**

결국 김연창은 '국정원 언론담당관 이창화 → 인터넷 신문 폴리뉴스 오경섭 기자 → 한나라당 권영세 국회의원 → 동아일보'라는 공식에 따라 공론화에 성공한 셈이다.

그리고 이렇게 공론화를 하게 되면 국정원이나 주요 언론들도 법적인 책임에서 어느 정도 자유로워지니까 훨씬 더 광범위하게 유포시킬 수 있게 되는 것이다.

○ 폴리뉴스 오경섭 기자도 수사기관에서(2007. 4. 20. 서울경찰청 작성 피의자 신문조서 중) "국정원 직원 이창화가 2006. 4. 14. 리스트를 보여줄 때, 월간조선에서 누락된 것을 알고 기자인 제게 월간조선에서 나가기 전 특종을 터트리라고 「저를 이용한 것 같습니다」. 2006. 4. 15. 오전에 저도 제 인맥을 통하여 월간조선 보도 사실을 확인해보니 4. 14. 이전에 이미 보도가 누락되었다는 사실을 알게 되었습니다"라고 진술하였으며, 결과적으로 **폴리뉴스 오경섭 기자 말대로 국정원 직원에게 이용당하고 오경섭 기자만 형사처벌을 받게 되었던 것이다!** → *이러한 결과, 더 이상 '바다이야기' 관련 언론보도는 찾기 힘들었다.*

**3) 김연창 국정원 정보판단실장(1급)은 도대체 왜 JU와 주수도에 대한
허위보고서를 작성했을까?**

⊙ *"도대체 왜, 국정원이 JU에 대한 허위문건을 만들었을까?"*

⊙ *"JU와 주수도의 관할 검찰청은 서울중앙지검인데,*
*왜 서울동부지검 특수부(형사6부) 황의수 검사에게*
*'JU국정원 문건' 사건이 배당되었을까?"*

나는 위 두 가지가 가장 궁금하였다.

JU국정원 허위보고서가 2006년 5월 4일 동아일보를 통해
보도되었을 때, 나는 그냥 그대로 죽을 수만은 없어, 인맥을 총
동원하여 위 비밀을 알아보았다.

그 결과,

① 'JU국정원 문건' 작성 책임자는 국정원직원 박균헌(3급)이었
고, 전 국정원 경제과장 정모씨와 당시 국정원 현직 박모과
장을 통해 "국정원의 '부패척결 TF팀'의 박균헌(3급)이 한국

에서 1위 자리를 빼앗긴 세계적인 다국적 기업 A사가 JU의 중국진출을 막기 위해 CIA 일본 지국을 움직여 국정원에 사주하였고, 사주를 받은 박균헌이 6개월간(2004년 6월 ~ 12월까지) JU그룹 비리 수집과 JU죽이기 'JU국정원 보고서'를 작성하였다"는 엄청난 사실을 알게 되었다.

※ 처음 전 국정원 경제과장 정모씨를 통해 들었을 때는 믿기지 않아 수소문 끝에 박균헌의 옆방에서 근무 중인 현직 박모 과장을 통해서도 똑같은 내용을 확인하였고, 훗날 국정원 직원 이창화(당시 5급)의 검찰조서와 법원증인신문조서에서도 확인되었다. 2008년 2월 21일 서울중앙지검 1026호 검사실에서 조사받은 국정원 5급 사무관 '이창화의 진술조서 6쪽' 내용 중, (국정원 문건을 폴리뉴스 오기자에게 보도되도록 주게 된 이유를) **"제이유가 중국에 진출하여 피해자를 양산한 결과 국제적인 마찰이 발생하는 등"** 이라고 진술하였는데,

→ (이창화가 폴리뉴스 오기자에게 JU국정원 문건을 건네준 2006년 4월경에는) JU가 중국합자기업 금사력가우를 설립하고 중국 상무부에 직소판매허가 신청을 해놓은 상태였고 영업자체를 시작도 하지 않았음에도(※ 상무부 허가는 2006년 10월 16일에 받았고, 영업시작은 2007년 1월 1일이었으며, 지금까지 17년 동안 피해자 없이 중국 Kasly JU(금사력가우) 회사는 잘 운영되고 있다), 국정원 언론담당관 이창화가 검찰에서 위와 같이 진술한 자체가 "JU의 중국진출을 막기 위해" 공작했다는 점을 스스로 자인한 것이다.

② 2006. 2. 서울동부지검 형사6부 황의수 검사가 노무현 정권의 최대권력형 비리인 '바다이야기' 수사에 속도를 내자, 2006. 3.초 권력실세들의 청탁을 받은 국정원 정보판단실장

김연창(1급)은 "당시 대검중수부장 박영수를 찾아가 'JU국정원 문건'을 건네면서 서울동부지검 형사6부 황의수 검사에게 배당해주고 '바다이야기' 사건 수사를 중단시켜 달라"고 청탁을 하였고, 청탁을 받은 박영수 대검 중수부장은 "JU국정원 문건을 서울동부지검 형사6부 황의수 검사에게 배당하면서 바다이야기 수사는 중단하고 JU 정·관계 로비 사건을 먼저 수사하라"고 매일같이 전화해서 독려하였다는 사실도 알게 되었다.

※ 바다이야기 사건을 덮기 위해 나를 희생양으로 삼았던 주역인 ① 김연창 전 국정원 정보판단실장(1급)은 퇴직 후 대구광역시 경제부시장으로 근무 중에 뇌물을 받은 죄로 징역 5년형을 받아 현재 감옥에 있고, ② 박영수 전 대검 중수부장은 최근 대장동 사건에 연루되어 구속수감 중에 있다는 것이 참 아이러니하다.


**4) JU국정원 허위문건은 어떠한 요술을 부렸는가!**

'바다이야기'를 수사 중이던 서울동부지검 형사6부(특수부)에 관할권도 없는 JU 사건을 당시 대검 중수부장 박영수를 통해 배당되도록 하여 '바다이야기' 수사를 중단시켰고, 'JU국정원 허위문건' 사건을 배당받은 서울동부지검 형사6부는 2006년 4월경부터 JU그룹에 대한 대대적인 압수수색과 수사를 시작하였지만 나오는 것이 없자, 2006년 5월경에는 서울동부지검 형사3부 소속 이종근 검사(사법연수원 28기, 당시 다단계 수사로 유명했던 검사, 부인은 박은정 검사)를 JU사건 수사팀에 합류시켜 (코걸이 귀걸이식의 법률인) 다단계 영업 관련 수사를 하여 나를 구속부터 시켜놓고, 압박하여 JU국정원 문건의 정·관계 로비 수사에 입을 열도록 하려는 소위 '별건 수사' 전략으로 검찰의 수사방향이 변질되었는데,

문제는 JU다단계 영업관련하여 고소·고발도 없었고, 피해자도 없어, '이종근 검사'는 놀라운 수사전략을 구사한다.

'JU국정원 허위문건이 언론에 도배가 되자 JU에 대해 실망을 한 극소수 일부 상위사업자(판매원)들이 재빨리 타 다단계 회사로 옮겨갔는데, 이종근 검사는 이 최상위사업자인 은현수에게 JU국정원 문건을 보여주면서 "주수도가 2,000억 원의 비자금을 조성했다. 고소하는 사람에게만 이 돈을 찾아 나눠 주겠다"고 고소인을 모아올 것을 종용하며, 고소를 '사주'하는데 JU국정원 허위문건'을 악용한 것이다.

이종근 검사가 보여준 "국정원 문건을 확인한" JU최상위 사업자 출신 은현수는 JU를 떠난 사업자(판매원) 160명의 고소장(※ 은현수는 고소장도 이종근 검사가 써주었다고 실토하는 양심선언문을 인터넷에 올렸음-부록1. 은현수의 양심선언문 전문 참조)을 수집하여 이종근 검사에게 2006년 5월경 고소장을 접수하면서 JU다단계 수사가 시작되었다.

이와 같이 JU국정원 허위문건은 요술방망이가 된 것이다!

간단히 요약하였지만, 모든 것이 영화 같은 '진실'이다.


**5) JU국정원 보고서 문건의 내용은 모두 허위였다.**

검찰 수사결과와 법원판결에 의해서 JU국정원 보고서는 허위문건임이 입증되었다(JU국정원 보고서가 모두 허위문건이었다는 검찰의 수사결과는 2008년 3월 12일에 나왔고, 나의 형사재판은 2007년 10월 11일 대법원에서 확정되었다).

## ○ 입증자료1. 서울중앙지방검찰청 2007형제73163호
## 불기소이유통지서 발췌

○ "고소인 주수도가 제이유 그룹 회장으로 있으면서 2,000억 원의 비자금을 조성하고, 검찰·경찰·정치권에 100억 원의 로비자금을 사용하였으며, 중국 베이징에 60억 원, 필리핀에 40억 원을 밀반출하였다" 등의 내용이 담긴 보고서가 국정원에서 작성되었고, 피의자 이창화가 그 보고서 중 일부를 폴리뉴스 기자 오경섭에게 보여주거나 건네준 사실은 인정된다.

○ 위에서 설명한 각 증거 및 우리 청의 '제이유 그룹 관련 비리 수사 결과 발표문', 서울동부지방검찰청의 제이유 사건 수사 결과 등을 종합하면,

○ 위 이창화가 오경섭에게 보여주거나 건네준 국정원 보고서는 첩보 단계에 불과하여 사실 관계가 객관적으로 확인된 것이라 보기 어려웠고, 서울동부지검 및 우리 청에서 제이유 그룹을 장기간 철저하게 수사한 결과도 "제이유 그룹에서 수십 명의 경찰관, 검찰 공무원, 판사 등에게 뇌물을 주었다. 해외에 거액을 밀반출하였다"는 등 보고서 내용 중 상당 부분은 과장되었거나 구체적인 점에서 사실이 아닌 것으로 확인되었다.

## ○ 입증자료2. 국정원과 오경섭 기자에 대한 손해배상청구 인용판결 발췌

다. 피고 오경섭의 주장에 관한 판단

(1) 이에 대하여 피고 오경섭은, 이 사건 기사는 그 내용이 공공의 이해에 관한 사항으로서 이 사건 기사를 보도한 것은 그 목적이 오로지 공공의 이익을 위한 것이고, 전체적인 취지로 보아 진실한 사실이거나 그 내용이 진실이라고 믿을 만한 상당한 이유가 있으므로 이 사건 기사를 보도한 행위가 위법하지 않다고 주장한다.

(2) 이 사건 기사는 제이유그룹이 경찰관, 검사, 판사 및 공정거래위원회 간부들에게 금품을 제공하고 대규모의 로비활동을 벌였다는 내용으로서 이 사건 기사에 적시된 금품수수 및 로비활동이 실제로 있었다는 사실을 증명할 수 있는 아무런 증거가 없고, 기초사실에 의하면 검찰의 수사결과, 이 사건 기사 내용의 대부분이 허위인 것으로 밝혀졌다.

즉, 노무현 정권의 JU국정원 보고서에는 150명 정·관계인사의 이름과 각 수수한 뇌물금액까지 표로 정리되어 있었지만, 그 중 단 한 가지도 사실이 아니었고, 검찰수사결과 그 중 단 한명도 기소된 사람이 없었다.

또한 JU국정원 보고서 상에 있던 2,000억 원 비자금 조성도 전혀 실체가 없었고, 외화밀반출 역시 사실이 아니었다.

국정원이 허구를 이토록 정성들여 자세한 보고서로까지 작성할 것이라고 상상이나 했겠는가! 진실을 밝혀보니, 결국 JU가 다국적 기업을 누르고 국내 1위 다단계 기업이 되었기 때문에 표적이 되었고, JU가 죽게 된 원인이 되었다.

그래서 말한다. 1등 함부로 하지마라. 1등을 하려거든, 어떤 음모와 공작에도 무너지지 않을 정도로 철저한 준비가 된 이후에 하라.

## 6) JU국정원 보고서로 시작된 내부붕괴와 마녀사냥

국정원이라는 최고국가 권력기관에서 JU에 대해 작성했다는 사실이 공식적으로 인정되고 나서부터는 그 누구도 그 보고서가 허위일 것이라고는 생각하지 못했다. 일반사람들은 국정원이라고 하면 누구도 알 수 없는 비밀정보들을 수집하고, 가장 정확하고 신뢰도 높은 정보들을 가지고 있는 국가기관이라고 생각한다.

국정원장이 국회정보위원회에 'JU국정원 보고서는 국정원이 작성한 것이 맞다'고 공식적인 확인을 해주었고, 그 보고서가 가진 파괴력은 실로 엄청났다. 심지어 JU그룹 내부에 그룹의 사정을 가장 잘 알고 있는 임·직원들조차 '자신들이 모르는 무엇인가가 있을 것'이라고 믿고 등을 돌렸고, 회사의 가장 큰 자산이라고 할 수 있는 35만 다단계 판매원들 중 일부는 다단계의 생리상 재빨리 타 다단계 업체로 옮겨갔다. JU국정원 보고서는 내부붕괴에 휘발유를 부어 불을 지른 것이나 마찬가지였다. 속수무책으로 JU그룹은 붕괴되기 시작하였다.

당시 '설마 국정원 보고서가 허위일 것이다'는 상상은 감히 아무도 할 수 없는 것이고, 그렇게 JU국정원 보고서는 기정사실화가 되었다. 이 국정원 보고서 문건 의혹이 JU에 대한 수사가 시작되기도 전에 전 언론을 도배하면서 이미 JU와 나는 '불법집단'이라는 여론의 낙인이 찍혀버렸고 마녀사냥이 시작되었다. 이후의 검찰수사와 법원 재판은 그야말로 형식적이고 부차적인 것이 되버렸다.

내가 김승규 국정원장과 국정원 직원을 형사고소 해서 비로소 JU국정원 보고서 문건 내용이 모두 허위였다는 것이 밝혀졌다. 불행히도 주수도에 대한 형사재판이 대법원에서 확정이 된 이후에 이러한 진실이 밝혀져서 여론 재판을 막아내지 못했다.

JU국정원 보고서는 전 언론에 도배되어 삽시간에 퍼졌지만, 오랜 투쟁을 거쳐 '허위라는 것'을 밝혀냈을 때, 이를 보도해준 언론은 기껏 2-3군데에 불과했고, 그것도 법원 판결의 요약 정도에 불과했다.

JU국정원 보고서는 JU 사태의 모든 시발점이었지만, JU국정원 보고서의 진실이 밝혀졌을 때는 이미 JU그룹은 붕괴되고 나는 12년 형을 확정 받은 이후였다. 하지만 이 무시무시한 국가기관의 불법행위에 대해서 아무도 책임지지 않았다. 기껏해야 국정원 언론담당관 5급 이창화에 대해서 국정원장의 경고조치가 내려졌고, 국정원에 대한 민사소송에서 손해배상액 2천만 원이 인정되었을 뿐이었다.

### 7) 내가 JU국정원 보고서 내용처럼 정·관계로비를 하지 않았던 이유

JU국정원 보고서가 언론에 대서특필 되었을 때도 내가 크게 걱정하지 않았던 이유는, 정말로 내가 정·관계 로비를 한 것이 단 한 건도 없었기 때문이다.

내가 정·관계 로비를 전혀 하지 않았던 근본적인 이유는 2002년 3월 12일 내가 서울중앙지검 형사6부에 구속이 되었을 때의 경험 때문이다. (이 당시 구속되어 형사재판 받은 결과, 1심에서 벌금 2억 원으로 4개월 20일 만에 석방되었다. 항소심에서는 다단계영업 관련해서 모두 무죄가 나왔고, 3억 원에 대한 업무상 횡령 등으로 벌금 1억 원으로 감경되었고, 대법원에서 최종확정되었다.) 당시 검찰은 정작 나의 구속사유였던 방문판매법 위반, 유사수신행위 등에 대한 조사는 구속이후 전혀 하지 않았으면서도 거의 매일 나를 서울중앙지검 12층 특수조사실로 불러 새벽까지 정·관계 인사들에게 로비자금을 준 것이 있지 않냐며 근거 없이 취조를 하였다. 당시 이 특수조사실 내에는 욕실도 있고, 밧줄 같은 고문도구도 있었다. 그리고 옆방에서는 고문당하는 비명소리가 들리기도 했다. 검찰이 2002년 3월 12일에 JU 그룹 본사를 압수수색하면서 회장실 바로 아래층에 있던 대표이사실 내에서 압수한 명함 한 장이 발단이 되었다. 검찰은 명함 한 장을 근거로 나를 취조하였고, 평소 나와 개인적인 친분이 있던 명함의 주인(행자부 장관 비서실장이었던 경무관)이 나로부터 떡값 1,000만 원을 받았던 것 때문에 기소가 되기도 하였다. 특별한 대가가 있어 준 돈은 아니었지만 어쨌든 그룹대표로서 정·관계 인사에게 친분의 표시를 하였다는 것으로 나 역시 혹독한 취조를 당하였고, 상대방도 큰 대가를 치른 다는 것을 절실히 깨닫고, 대한민국에서 사업을 하면서 로비를 하였다가는 패가망신하겠다는 교훈을 새긴 것이다.

(2002년 내가 조사받았던 서울중앙지검 12층 특수조사실에서 그 유명한 피의자 고문 사망 사건이 일어났고, 특수조사실은 폐쇄되었다.)

이렇게 내 나름대로는 절대 정·관계 로비는 없다, 불법은 없 다는 다짐과 원칙으로 세운 회사가 JU인데, 150명 정·관계 인 사에게 로비자금을 100억 원을 '살포'했다는 허무맹랑한 국정 원 보고서를 시작으로, 그룹은 무너지고 징역 12년의 형을 선 고받게 되다니, 결국 나의 무능함이 뼈아플 뿐이다. 노무현 정 권 당시에 나는 정권 실세들에게 로비를 하려고 마음만 먹으면 얼마든지 할 수 있는 위치에 있었다.

(당시 오히려 나에게 정권 최고 실세들이 JU 인사청탁 및 상품납품을 위해 로비를 하 기도 하였는데, 이 이야기는 후술하겠다.)

차라리 국정원보고서처럼 로비를 정말 하였다면, JU가 이렇 게 허무하게 무너졌을까?

## 8) 노무현 정권의 실세들이 오히려 나에게 무수한 청탁을 했었다.

### *노무현 정권 실세들의 위선!!!*
### *"허위보고서 만들어 나를 죽이려 한 세력들이*
### *연이어 인사·납품 청탁"*

JU를 운영하던 당시 노무현 정권의 최고 실세들이 오히려 나를 만나서 조금이라도 이권을 챙기려고 혈안이었는데, 내가 정말 로비를 하겠다고 마음만 먹었으면 얼마든지 정권실세들을 상대로 로비를 할 수 있었음에도 하지 않았다.

※ 이 부분은 내가 2009년 7월호 월간조선과 인터뷰한 내용으로 보도되어 현재도 인터넷에서 기사를 찾을 수 있다(부록2. 2009년 7월호 월간조선 인터뷰 전문 참조).

### i ) 인사청탁

2004년 6월부터 2005년까지 국정원은 나를 죽이기 위해 소위 'JU국정원 보고서'를 만들어 검찰에 수사를 의뢰하였다. 국정원 한쪽에서는 나를 죽이기 위한 공작이 한참이었는데 다른 한쪽에서는 나에게 인사청탁을 해왔다.

〈김만복 당시 국정원 기조실장(기조실장 이후 국정원장 역임)과의 만남〉

2005년 초가을 무렵, 당시 국정원 김만복 기조실장을 강남구 역삼동에 있는 요정(고급 한정식집)에서 만나 저녁식사 겸 술을 마시면서 노래와 춤 등 여흥도 있었다. 술자리가 끝나고 내가 계산을 하려고 하자, 김만복 당시 기조실장의 수행비서가 이미 계산을 끝냈다고 했다. 내 비서에게 물어보니 술값이 200만 원이 넘게 나왔다고 했다. 사업하면서 권력기간의 고위관리에게 그렇게 비싼 술 대접을 처음 받아봤다.

그런데, 며칠후 김만복 기조실장이 인편으로 이력서 한 통을 보내왔다. "강모라는 노사모 사무국장 출신을 JU그룹에 채용해 달라"는 부탁을 해왔는데, 별로 채용하고 싶지 않아서 계속 미뤄뒀다. 3개월 후쯤 인편으로 다시 채용독촉 연락이 와서 어쩔 수 없이 JU그룹 민원·감사실 차장으로 채용했다. 채용해준 얼마 후 강모씨는 "원래 하던 노사모 일을 다시 하게 되었다"고 하면서 퇴사를 하였다.

## ii) 납품청탁

〈정상문 당시 청와대 총무수석과의 두 차례 만남〉

정상문 전 청와대 총무수석은 2009년 5월 18일 내가 노무현 정권의 초대형 권력형 비리 사건인 '바다이야기' 사건의 핵심이라고 판단하여 대검찰청에 고발한 9명 가운데 한 명이다.

2005년에 정상문 당시 청와대 총무수석 측에서 두 차례 연락이 와서 광화문 근처 고급요정에서 만나 대접을 잘 받았다.

청와대 경호과장 출신인 김모씨가 배석을 했는데, 정상문 총무수석은 나에게 "김해 고향 후배인데, 청와대 경호실을 떠나서 건강기능식품회사를 운영하는데, 눈 건강에 좋은 식품을 JU그룹에 납품할 수 있게 해달라"는 청탁을 하였고, 정상문 총무수석의 얼굴을 봐서 JU그룹 상품기획실에서 검토하도록 지시를 하였다.

상품 검증을 하는 기간 중에 또 정상문 총무수석 측으로부터 연락이 와서 광화문 근처 또 다른 요정에서 대접을 받게 되었고, 어쩔 수 없이 건강식품을 납품할 수 있도록 해주었다.


〈염동연 당시 열린우리당 사무총장과의 만남〉

　지인의 부탁으로 당시 집권여당인 열린우리당의 사무총장 염동연 의원과 2005년 초순경 여의도 식당에서 식사를 한번 한 적이 있다.


　그 이후인 2005년 여름경 염동연 의원은 JU그룹 본사 근처에 와서 점심을 사겠다고 전화가 왔지만, 선약을 핑계로 만나러 나가지 않았는데, "자신의 수행비서가 말하는 미용기구를 JU그룹에 납품할 수 있도록 해달라"는 청탁전화를 여러차례 하였고, 염의원의 수행비서가 계속 JU그룹 회장실로 직접 찾아와 강요하다시피하여 어쩔 수 없이 납품을 받아주었다.

# 제3장

---

## JU사태 일지

### : 출국금지부터 구속까지

# ① 출국금지

_____

2006년 4월 5일(식목일) 오전 나는 중국 합자회사 금사력가우 화장품 공장 준공식 참석을 위해 중국 천진출장길에 오르는데...

인천국제공항 출국심사대 앞에서 출국금지 되어 저지당한다.

나머지 일행은 출국하고 나는 곧바로 고문변호사에게 전화해서 출국금지 사실 파악을 요청하였고 변호사는 서울동부지방검찰청 특수부인 형사6부 황의수 검사가 출국금지 시켰음을 알려주었다.

'JU그룹과 나에 대한 관할권도 없는 서울동부지검에서 왜? 출국금지를...?

그리고 황의수 검사는 2002년 3월 12일 서울중앙지검 검사 시절에 나를 한번 구속시켰던 검사인데...?'

2002년 당시 나의 변호인 중 한 명이었던 채○국 변호사가

2005년 12월 말경 어떤 모임에서 황의수 검사에게 "지금도 주수도 회장에게 관심 갖고 있느냐?"고 했을 때 황의수 검사는 "내가 사람을 어떻게 두 번 죽이느냐?"고 했다며 채○국 변호사가 2006년 1월쯤에 나에게 말해주었는데....?

왜, 황의수 검사가 나를 출국금지 시켰는지...?

## ② 정·관계 로비수사

나는 인천국제공항에서 곧바로 수원소재 채○국 변호사 사무실로 향했고, 채○국 변호사와 점심식사를 하면서 "왜, 황의수 검사가 나를 출국금지 시켰는지" 알아봐 줄 것을 요청하였고...

다음날 채○국 변호사는 "황검사가 자세히 말해주지는 않고,

정·관계 로비 수사 정도로만 말했다"고 나에게 알려왔다.

나는 정·관계 로비 자체를 한 사실이 없기 때문에, '잘 소명하면 되겠지...'라고 생각하고 회사경영에 전념하고 있었다.

### ③ 2006. 4. 17. 정·관계 로비 폴리뉴스 특종기사

———

인터넷 신문 '폴리뉴스'는 2006년 4월 17일 '[독점] JU 그룹, 검·경에 무차별 돈로비' '직위, 직급따라 5백만 원에서 수억 원까지'라는 제목으로 내가 2,000억 원 비자금을 조성하고, 정·관계에 수백 억 원을 무차별 로비하였고, 외화를 밀반출하였다는 기사를 연이어 쏟아내었다.

## 4 2006. 4. 17. 저녁
## 폴리뉴스 허위보도에 대한 고소준비

———

나는 2006년 4월 17일 저녁 JU그룹 회장실에서 언론 가짜 뉴스 대응 전문 변호사인 안상운 변호사를 만나 폴리뉴스와 오경섭 기자의 허위사실 보도에 대한 고소장을 서울남부지방검찰청(폴리뉴스 주소가 여의도에 있으니, 폴리뉴스 관할 검찰청임)에 다음날인 4월 18일에 즉시 고소장 접수 해줄 것을 부탁했다.

## 5 2006. 4. 18. 아침 JU그룹 회장실

———

갑자기 서울경찰청 특수수사과 형사 3명이 JU그룹 본사 회장실에 들이닥쳐 폴리뉴스기사 내용에 대해 질문하였고...

나는 "그렇지 않아도 새빨간 허위사실이라서 지금 변호인이 서울남부지검으로 고소장을 접수하러 가고 있는 중이다"고 하였다.

서울경찰청 특수수사과 형사는 나에게 "검찰이 아닌 서울경찰청으로 직접 고소장 접수를 해달라"고 요청하였고 나는 그 자리에서 서울남부지검으로 고소장을 접수하러 가고 있던 안상운 변호사에게 전화를 걸어 상황을 설명하고 "서울경찰청으로 고소장 접수를 해줄 것"을 요청하였다.

안상운 변호사는 서울남부지검에 가는 길에, 나의 요구대로 서울경찰청으로 차량을 돌려 고소장을 접수하였다.

**6** 2006. 4. 18. 저녁
MBC PD수첩 1탄 방영

___

MBC 시사프로그램인 'PD수첩'에서 2006년 4월 18일 JU를
비난하는 내용의 특집 방송을 방영하였고, 1주일 후 제2탄도
방송을 예고하였다.

**7** 2006. 4. 24. 압수수색

___

2006년 4월 24일 서울동부지검 형사6부 황의수 검사가 JU
그룹에 대한 압수수색을 시작하였고 이것을 시작으로 몇 개월
간 거의 매일 연속 수십 회 압수수색을 하였다.

## ⑧ 2006. 4. 25. MBC PD 수첩 2탄 방영

_____

검찰의 압수수색과 MBC PD수첩 2006년 4월 25일 2탄 비난 방영 기점으로 주요언론에서 JU 정·관계 로비 의혹을 보도하기 시작하였다.

## ⑨ 2006. 4. 27. 국회정보위원회

_____

권영세 국회정보위원장은 김승규 국정원장에게 "폴리뉴스 JU그룹 관련 기사 문건의 작성주체를 물었고", 김승규 국정원장은 그 자리에서 답변을 못하고, 2006년 5월 2일 국정원 간부를 권의원에게 보내 "국정원에서 작성한 게 맞다"고 확인해주었다.

**10** 2006. 5. 4. 동아일보 1·3면 톱기사

___

2006년 5월 4일 동아일보는 'JU 국정원 보고서 파문'을 1면 톱기사로, 3면 '국정원 보고서'의 내용을 자세히 보도하였다. 최초로 소문의 출처가 '국정원 보고서'라는 사실이 공식보도 되었다.


**11** 2006. 5. 4. 동아일보 'JU 국정원 보고서' 보도 이후 JU 그룹 내부

___

국정원이라는 국가 최대권력기관의 공식적인 'JU국정원 보고서'라는 보도로 인해 2006. 4. 17. 폴리뉴스부터 5. 3.까지의 여러 언론들의 의혹보도까지는 긴가민가하면서 사태를 예의주시하던 JU회원들과 경영진·임직원들도 심한 동요가 일어나기 시작하였다.

## 12 서울동부지검, 다단계수사로 방향전환

────

서울동부지검은 'JU국정원 보고서' 내용의 정·관계로비 수사 착수에도 불구하고 로비 관련해서 나오는 것이 없자, "(국정원에 속았다는 의심을 하면서) 비교적 쉬운 부정적 여론의 다단계 영업 관련 수사로 전환하여 나를 먼저 구속시켜놓고 정·관계 로비 수사에서 입을 열도록 하겠다"는 수사방향을 수정하게 된다.

그러면서 다단계 수사 전문 검사로 소문난 서울동부지검 형사3부 소속 이종근 검사를 JU수사팀에 합류시킨다.

## 13  이종근 검사의 위법·탈법 수사시작
### : JU 다단계 관련 첫 고소장 접수

———

　JU다단계 영업 관련해서 고소·고발이 전혀 없자, 이종근 검사는 JU국정원 문건 보도이후 나에 대해 실망을 하고 재빨리 타 다단계 회사인 '훼이켓'(전, JU상품담당이사 김영호가 JU회원들을 데리고 나가 차린 회사)으로 옮겨간 JU사업자(판매원) 전국부대표인 은현수 사장을 포섭하여, JU국정원 문건을 보여주면서 "주수도가 2,000억 원 비자금을 조성했다. 고소하는 사람들에게만 이 돈을 나눠주겠다"고 꼬드겨, 수사에 협조해야 처벌대상에서 제외된다는 판단을 한 은현수 사장은 JU에서 옮겨간 '훼이켓' 다단계 회사 소속의 판매원 160명의 고소인을 모아 "이종근 검사가 직접 써준 고소장"에 서명을 받아 2006. 5. 8. 다단계 영업 관련 첫 고소장이 접수되었다.

　이때부터 은현수사장(JU 전국 사업자 부대표는 가해자 입장임에도)은 고소인 및 피해자 대표로서 이종근 검사와 밀착되어 이종근 검사와 한 팀이 되어 움직인다.

## 14 서울경찰청 사이버수사대 오경섭 기자 체포영장 발부

———

서울경찰청 사이버수사대(폴리뉴스가 인터넷 신문이므로)는 피의자 신문에 출석을 하지 않는 폴리뉴스 오경섭 기자에 대해 체포영장을 발부하고, 내가 고소한 건에 대한 수사에 박차를 가하고 있었다.

## 15 2006. 6. 19. 검찰의 출석요구

———

황의수 검사는 나에게 전화로 2006년 6월 19일에 출석하라고 통보하였다. 검사의 출석요구를 받고 나는 2006년 6월 19일에 나의 변호인 중 박태석 변호사가 서울동부지검에 들어가서 2006년 6월 21일에 인천, 대전, 천안 사옥에 대한 공매 일정이 잡혀있으니 3일 이상만 출석기일을 연기해줄 것을 요구하였다. 회사의 주요 지방 거점 사옥이 공매로 날아가면 회사 경영에 치명적일 수 있기 때문에, 수사일정을 3일 이상만 조정해줄 것을 요구하였던 것이다.

그렇게 박태석 변호사가 서울동부지검에 출석연기를 요청하고 있던 중, TV 뉴스 자막으로 나에 대한 체포영장아 발부되었다고 떴다. 그래서 나는 당시 변호인 중 주요한 역할을 맡고 있던 김○철 변호사와 급히 통화를 하였는데, 김○철 변호사는 "서울경찰청에서 폴리뉴스 오경섭 기자에 대해 체포영장을 발부해놓은 상황이니, 국정원 문건이 허위라는 사실이 밝혀진 후 검찰에 출석하는 것이 좋을 것 같으니 잠시 피해있으라"는 의견을 주었다.

## 16 2006. 7. 26. 긴급체포 후
## 구속영장 발부

───

나는 위와 같은 상황에서 잠시 피해있게 되었던 것으로 근본적으로 검찰의 출석요구를 기피할 생각은 없었다. 그리고 내가 잠시 피해있을 때, 서울동부지검은 회사 경영진과 상위사업자들을 구속시켰고, 이들이 곧 기소되어 1심 재판이 시작될 상황이었다. 내가 출석을 해야만 회사 경영진과 상위사업자들을 구제할 수 있을 것 같아서 나는 검찰출석을 결심하고 나의 변호사 중 제갈융우 변호사와 전화로 검찰 출석 타이밍에 대해서 의논하고 있던 중이었다.

그러던 중 2006. 7. 26.경 나는 서울동부지검에 긴급체포되었다.

나는 긴급체포 될 당시 수중에 수표 700만 원을 가지고 있었고, 이 돈마저도 검찰에 압수당했다.

실제로 내가 구속된 이후, 회사 경영진들은 모두 보석을 신청하였다. 나는 법정에서 신상발언을 요청하였고, 그 자리에서 재판부에 "저는 구속된 사건과 관련하여 회사경영을 하면서 법을 어기지 않는다고 생각하면서 경영을 했습니다. 만약에 법을 어긴 것이라고 하더라도, 모든 책임은 저에게 있습니다. 저는 유달리 카리스마가 강해서 회사 경영진들은 제가 지시하는 말을 듣지 않으면 반쯤 죽습니다. 따라서 회사 경영진들은 제 지시를 따랐을 뿐이고, 사실 아무런 책임이 없습니다. 그러니 제발 회사 경영진들의 보석 신청을 받아들여 석방시켜 주시면 감사하겠습니다"라고 하였다.

며칠 후 회사 경영진들은 모두 보석으로 석방되었다.

## 17 2006. 8. 2. 기소되어 형사재판이 시작되다

---

나는 2006년 7월 26일 구속되어 구속 1주일만인 2006년 8월 2일, 먼저 구속기소 된 피고인들과 공범으로 기소되었다.

그런데 중요한 것은 JU네트워크의 공유마케팅 성공조건인 TNM(마트, 백화점, 가맹점, 편의점 등)매출 약 5,000억 원은 제외시키고 기소하였다(※이종근 검사의 악의적인 기소에 대해서는 부록3.을 참고하길 바란다)

※ 이종근 검사가 TNM매출을 제외하고 나를 기소한 것은, 팔다리를 자른 후 나를 괴물이라고 기소하는 것과 다를 바 없다.

타 다단계 판매 회사들과 구별되는 'JU마케팅의 핵심'이 바로 이 TNM 매출 약 5,000억 원 인데, 이것을 제외하고 사기죄가 되느냐 안 되느냐를 판단한다는 자체가 어불성설이다. 이 부분에 대해서는 나는 재심 항소심 법정 최후진술에서 이렇게 비유하여 진술하였다.

"존경하는 재판장님, 지금 저는 팔다리가 온전히 붙어 있는 사람인데 이종근 검사님은 저의 팔다리를 다 잘라놓고 '괴물'이라고 하면서 나를 공소제기하였습니다. 내가 사람인지 괴물인지는 적어도 제 팔다리는 붙여놓고 판단하여야 하는 것입니다. TNM 매출이 JU의 핵심인데 이를 제외하고는 팔다리를 잘라놓고 정상인지를 판단하는 것처럼 기형적인 판단이 될 수밖에 없습니다. 제발, TNM매출을 포함하여 이 사건을 판단해주시기 바랍니다."

나의 형사사건('재심대상판결') 1심이나, 2심 그리고 나아가 재심 1심까지 나에 대한 형사판결은 전부 기소되지 않은 'TNM 매출'에 대한 나의 강의 녹취록 내용을 증거로 유죄의 판단을 하였다. 나는 재심 항소심에서 위와 같이 최후진술을 하며 억울함을 호소하였지만, 재심 항소심 재판부는 아예 이 부분 당부에 대한 판단 자체를 하지 않았다.

주수도

에 대한

마타
도어들

(흑색선전)

# 제4장

여론재판

: 단군 이래 최대 사기꾼이 되다

※ 나의 재판이 모두 끝난 후, 판사출신 모 변호사가 나에게 직접 찾아와 토로하듯 이야기한 것이 있다. 그는 "보통 판사들이 재판을 하면서 가장 신경을 쓰는 순서는, 1. 여론, 2. 악성민원, 3. 검사, 4. 친한 변호사, 5. 변호사, 6. 피고인이다. 사실, 5, 6번은 아예 신경을 쓰지 않는다는 뜻이다"라고 말해주면서 "현실을 받아들여야 홧병이 나지 않는다"고 조언했다.

# ① JU가 다단계 관련 특경사기 등으로 기소되기까지

JU에 대한 검찰의 수사는 세간을 떠들썩하게 했던 'JU국정원 보고서'라는 것에서 시작되었다.

최초 'JU국정원 보고서'에서부터 JU가 불법집단이라는 국가적, 사회적 낙인이 찍혔고, 수많은 언론보도를 거쳐 형사재판을 제대로 시작하기도 전에, 나와 JU에 대해서는 이미 최악의 여론이 형성되었다.

## ❷ JU다단계 관련 특경사기 등
## 1심 재판기간 (2006년 8월 2일 ~ 2007년 2월 20일)

---

### 1) 2006년 12월경 1심 변론 중 언론에서 대대적으로 '퇴역군인 자살사건'을 보도하며 떠들썩해졌다 : MBC PD수첩 3탄 방영.

※ 퇴역군인 자살사건은 앞의 제1장 제4항에서 자세히 설명하였다.

결국 MBC PD수첩은 사실확인에 대한 취재 없이 가짜뉴스를 대대적으로 보도함으로써, '언론'이라기보다는 오히려 사회의 악인 '흉기'였다.

### 2) 선고 예정일 날(2007년 2월 5일) 밤 9시 벌어진 날벼락 같은 녹취록 사태

선고 예정일 날(2007년 2월.5일) 밤 9시 KBS뉴스에서 첫 보도로 JU 전임원(상품담당) 김영호에 대한 정·관계 로비 수사를 하면서 서울동부지검의 강압수사가 있었음을 확인할 수 있는 서울동부지검 형사6부 백용하 검사의 음성 녹음파일을 그대로 보도하여 엄청난 파장이 생겼다.

이 언론 보도 결과 서울동부지검장인 선우영 검사장이 옷을 벗었고, 차장검사인 이춘성 검사도 책임을 지고 물러났다. 그리고 JU 사건을 수사하던 서울동부지검의 모든 검사들이 대검 감찰 조사를 받았고, JU 정·관계 로비수사는 서울중앙지검 특수1부로 재배당되어 그야말로 검찰은 초상집 분위기가 되었다.

### 3) 1심 재판장은 '사회적 결단(여론재판)'을 하였다.

선고 이틀 전에 검찰이 공소장 변경을 재판부에 요청하여 변론이 재개되었다.

공소장 변경의 내용은 2003년, 2004년도 매출 약 3조원에 대해서는 공소철회하고, 2005년 한 해 JU네트워크 매출 1조 8천억과 2006년 6개월 간 JU 백화점 매출 3천 억 원을 합쳐서 2조 1천억 원으로 공소금액을 감액하는 것이었다(즉 약 5조원에 이르던 공소금액이 약 2조원으로 줄었고, 2003년, 2004년은 죄가 안 되고, 2005년 1월 1일부터 죄가 된다는 것이었다).

그러면서 검찰은 그동안은 기망행위의 핵심이 내가 짠 '마케팅 자체가 사기'라고 주장하면서 재판을 진행하여왔는데, 선고 이틀 전 공소장 변경을 하면서 2004년 말에 JU 네트워크가 재무제표상 921억 원 적자였는데, 2005년도 매출을 받으면 수당을 지급할 수 없었을 수도 있다는 '재정적 측면의 사기'로 공소장 변경이 되었다. [**검찰이 2003년 2004년 JU 네트워크 매출액에 대한 공소를 철회하였다는 것은, 사실상 기존의 '다단계 마케팅 사기(금융피라미드)'에 관한 주장을 검찰 스스로 철회한 것이며, 그렇다면 더 이상 '다단계 사기'라는 표현을 사용해서는 안되는 것이다**].

※ 참고로 나에 대한 공소장은 재판이 진행되는 동안 수차례 변경되었는데,
　이는 부록4. 공소장의 잦은 변경을 참고하길 바란다.

2007년 2월 8일경 위에서 언급한 대로 검찰의 나에 대한 공소장 변경 허가 신청이 이루어졌다. 그리고 2007년 2월 9일 공판에서 공소장 변경 허가 결정이 났다. 나의 입장에서 이러한 공소장 변경은 천재일우의 기회가 온 것이다. 그러나 공소장 변경이 허가되는 법정에서, 이종근 검사는 위 KBS 녹취록 보도의 배후에 주수도가 있다는 식의 억지 주장을 하였다.

공소장 변경 후 3월 중에 공판기일을 잡겠다고 말했던 재판

장은 갑자기 2007년 2월경으로 배석판사들의 인사이동이 있다고 하면서 **단 1회의 결심공판기일(2007년 2월 14일)만 지정하고** 2007년 2월 20일을 선고기일을 잡는 등 재판진행을 급속도로 마무리하면서 JU 측에 공소장 변경에 대한 충분한 방어기회를 주지 않았다.

그리고 선고 날 재판장 최규홍 부장판사는 **"어차피 이 사건은 대법원까지 가서 결정이 나야 하는 사건이고, 재판장인 본인으로서는 '사회적 결단'을 할 수 밖에 없었다"**고 말하기까지 하였다. 당시 퇴역군인 자살로 여론은 들끓고, 바로 옆집인 서울동부지검은 검사장과 차장검사가 옷을 벗는 초주검 상태가 되었는데, 이러한 분위기와 압박 속에서 판사가 증거와 법리에 의해서 판단하지 않고 여론재판을 하였다는 것을 자인하였다고 볼 수밖에 없다. 이와 같은 상황에서 1심은 나에 대하여 12년의 형을 선고하면서 얼렁뚱땅 마무리되었다.

**(판사는 증거와 법리에 따라 유·무죄 판단을 하면 되는 것인데, 판사가 '사회적 결단'을 할 수 밖에 없었다는 것은 결국 '여론재판'을 하였다는 자백이다)**

※ 공소장이 변경되고 나서 나에게 보장된 공판기일은 단 1회(2007년 2월 14일) 뿐이었는데, 공소장 변경 허가 신청이 2월 8일에 제출되었다는 점을 감안하면 2007년 2월 9일에는 검찰 측에서 하는 신문만 이뤄졌을 것이므로 나에게 보장된 기회는 2월 14일 공판기일 단 1회분이었다. 더욱이 2007년 2월 17일부터 19일까지 설연휴 기간이었다는 점을 감안 할 때, **2007년 2월 20일 선고를 위해 재판부가 JU사건을 검토한 시간은 불과 일주일 정도에 불과했다고 볼 수 있다.** 공소장 변경 전에는 모두 12회의 공판기일이 진행되었다는 점을 감안한다면 단 1회의 공판기일은 방어권 침해라고 볼 수밖에 없다.

그런데 더욱 기가 막힌 것은 대법원에서 주수도에 대한 12년 유죄판결 선고 이후에야 비로소 위 퇴역군인 자살사건이 JU와는 아무런 관계가 없었다는 것과 국정원 JU 문건이 허위라는 사실이 검찰 수사결과 밝혀졌다는 것이다.

## ❸ JU다단계 관련 특경사기 등 2심

## 재판기간 (2007년 3월 14일 ~ 2007년 6월 21일)

___

**1) 항소심 기간 중에도 계속되었던 정·관계 로비 수사보도**

　나에 대한 항소심 재판은 2007년 3월 14일 서울고등법원에 접수되고 2007년 6월 21일 선고(항소기각)되어 **불과 3개월여 만에 종결**되었다. 나의 항소심 재판 중에도 서울중앙지검 특수 1부에서 정·관계 로비수사를 계속하였는데, 로비수사를 할 때마다 조금이라도 의혹이 나오면 **계속하여 언론에 실시간으로 보도되어 재판에 영향을 미쳤다.** 또 당시 서울중앙지검 특수1부에서 정·관계로비수사를 하느라 나를 주말도 없이 매일같이 검찰청에 출석시켰고 재판을 준비하기 위한 변호인 접견조차 검찰청 복도에서 진행해야 했을 정도였다.

　더군다나 항소심 재판 중이던 당시까지도 나의 1심 재판에 중대한 영향을 미쳤던 퇴역군인 자살사건, JU국정원 보고서의 진실이 밝혀지지 않은 상황이었기 때문에, 여러 언론에서 후속 보도가 나와 여론이 매우 악화되어 있었다.

## 2) 여론재판임을 자인한 항소심 재판부

나의 항소심 재판은 2007. 3. 14. 항소심 재판부에 접수된 뒤, 2007. 5. 1.에야 제1회 공판준비기일을 진행하였고(사건이 항소심 재판부에 접수된 지 약 1개월 반만 임), 5. 15., 5. 29., 6. 5., 6. 7., 6. 8., 6. 12. 등 7회에 걸쳐 공판기일을 진행했다(5월 1일이 공판준비기일이었음을 감안할 때 실질적인 공판기일은 단 6회 만에 마무리된 것이다). 특히 마지막 4회 공판기일은 단 일주일 만에 진행되었습니다. 그리고 <u>2007. 6. 21., 1심 선고가 난 지 4개월 만에 공판을 진행하기 시작한지 불과 50일 만에, 항소심 판결을 선고</u>했다.

판결을 선고하는 날 재판부는 변론을 다시 진행해달라고 신청서를 제출한 나에게 그 이유를 물었다. 그러자 나는 "아직 충분한 심리가 되지 않았다고 생각해서 그렇게 했습니다. 저하고 같이 있는 회사 임원이었던 다른 사람들은 법정에서조차 말

할 기회가 없었습니다. 그들은 1심 때도 그렇고 지금도 그렇습니다. 억울한 점도 많고 할 말도 많습니다. 그런데 그게 안 되었습니다"라고 답변하자, 재판장은 다음과 같이 대답했습니다. "재판이란 시간적 한계 속에 있을 수밖에 없습니다. 재판장인 저 역시 시간뿐만 아니라 인간적인 한계 속에서 재판하고 있습니다. 그 점에 대해서는 안타깝게 생각합니다. .. 재판부도 2개월 정도 더 심리를 했어야 했다는 점은 인정합니다. 피고인이 2008년에 바뀌는 형사소송법에 따라 재판을 받았으면 시간적인 면이나 더 유리했을 것입니다"(2009. 3. 월간조선 「[엄상익 변호사의 법창일기] 법정에서 만난 판사들 "재판장! 야, 너 똑바로 해!"」 ; 2009. 6. 월간조선 「주수도 JU 그룹 회장 노무현 정권의 실세와 국정원 간부 등 검찰에 고발」)

2007. 6. 21. 주수도에 대한 항소심 판결 선고일 날, 재판장인 서울고등법원 이재홍 부장판사는 **"재판부가 여론에 영향을 받아서도 안되겠지만, 여론을 무시하고 싶지도 않다"**라고 스스로 여론재판을 하였음을 자백하였다.

항소심 판결문을 보면, 'JU 마케팅 자체는 사기가 아니다',

'세간에서 말하는 사기꾼이 아님을 재판부는 이제는 안다'라고 하면서도, 법리적으로는 '미필적 고의'에 의한 사기죄는 성립한다고 판단하며 1심 형량을 그대로 유지하였다.

# ❹ JU다단계 관련 특경사기 등 3심

## 재판기간 (항소심 선고 이후 ~ 2007년 10월 11일)

---

○ 불리한 여론의 태풍의 눈이었던 퇴역군인 자살사건과 국정원 정·관계 로비 문건의 진실이 밝혀지지 않은 채 확정판결을 받아야 했다.

나에 대한 상고심은 2007. 7. 18. 접수되었는데 상고심이 진행되던 3개월 동안에도 연일 JU 정·관계 로비 관련 기사들이 쏟아졌다. 상고심이 접수되고 3개월만인 2007. 10. 11. 상고기각 판결이 났다. 사실상 상고심 판결문에서 주문을 제외한 상고이유에 대한 판단은 채 7장도 되지 않았다.

※ 당시 JU사건 주심 대법관은 김영란 대법관이었는데, 김영란 대법관이 퇴직 후에 인터뷰한 기사 내용 중 이런 말이 있었다. "본인이 대법원 재판연구관 시절에 형사사건에서 다툼이 있는 사건은 모두 무죄를 줄 수도 있고, 유죄를 줄 수도 있다는 것을 깨달았다" 즉, 대법원 역시 여론에서 자유롭지 못했음을 인정할 수밖에 없다. 나의 변호인들은 상고이유서 중 분명히 어느 부분이 파기환송 되어도 될 것이라고 호언장담했었다.

나는 2007년 10월 11일 대법원에서 12년 확정 판결을 받았고, **그로부터 14일이 지난 2007년 10월 25일**에야 서울남부지방법원은 JU의 MBC PD수첩 및 MBC 뉴스데스크의 허위보도에 대한 정정보도 청구 및 손해배상청구 소송에서 JU에게 승소판결을 선고하였다. 하지만 이미 나는 대법원에서 12년 확정 판결을 받은 이후였다.

나는 2007년 7월경 허위 JU국정원 문건을 작성하여 유포한 김승규 국정원장 등 국정원 직원들을 형사고소 하였고, 또 국정원 문건을 최초로 보도한 폴리뉴스 오경섭 기자를 2006. 4. 18.경 고소한 건에 대해서도 함께 수사한 결과, 앞서 제2장 2.의 5)항에서 서술하였듯이 **서울중앙지검 특수1부는 2008. 3. 12.자로 JU국정원 문건이 허위였다는 사실을 밝혀주었다.**

즉 2007. 10. 11. 나에 대한 대법원 형사 판결이 확정된 이후인 2008. 3. 12.에서야 JU국정원 문건이 허위였음이 밝혀지는 어처구니 없는 상황이었다.

※ 그리고 재판 내내 언론에 보도되며 여론을 악화시켰던 JU의 정·관계로비를 수사하던 서울중앙지검 특수1부는 나를 정치자금법위반 등으로 기소하고 수사를 마무리

하였다. 그런데 **결국 검찰의 수사결과 국정원 문건에 등장했던 정·관계로비 대상자 150명 중 결국 한 명도 기소된 것이 없었다.** 나에 대한 먼지털이식 조사 끝에 나와 개인적 친분이 있는 유력인사들과의 정·관계로비와는 전혀 상관없는 일부 돈거래를 이유로, 10개월짜리 징역으로 끝났다.

# ⑤ JU사태에 대하여 판사들에게 편견이 생길 수밖에 없었던 또 다른 사정

JU관련 의혹들이 연일 언론에 보도되고 서울동부지검에서 압수수색 및 수사가 진행되고 있음에도 JU 다단계 영업매출이 월 5백억 원 이상 발생하고 있었다.

다단계 영업수사의 경우 수사기관의 수사가 진행되더라도 영업이 지속되고 있으면 주로 '무죄' 판결이 나왔으며, 영업이 중단될 경우 대부분 '유죄'의 결론이 났다는 점을 잘 알고 있던 **이종근 검사는 2006. 6. 26. JU 메인전산서버를 불법으로 봉인하여 강제로 영업을 중단시키고, 20여명의 전산실 직원을 모은 후 "즉시 퇴사하지 않으면 '사기방조죄'로 구속시키겠다"고 협박하여 전산실 직원들이 출근하지 않고 퇴사까지 하게 되어** 회사가 문을 닫게 되었다.

그러자 당시까지 활동하고 있던 전국의 JU 회원들은 이종근 검사의 불법적인 메인전산서버 봉인에 항의하여 다음날인 2006. 6. 27. 약 5,000여 명의 회원이 서울동부지검과 서울동부지법을 새벽부터 점거하여 저녁까지 농성을 벌였고, 이는 언론에 대대적으로 보도되기까지 하였다.

당시 5,000여 명이나 되는 회원들이 강력하게 반발하며 농성을 벌이자 서울동부지법에 재판을 받기 위한 호송차조차 출입을 못하여 재판이 무더기 취소되는 사태가 벌어졌고, 심지어 판사들이 퇴근조차 울타리를 넘어가야 했다는 말이 나올 정도

**2006. 6. 26. 서울동부지방검찰청 이종근 검사가 JU 메인전산서버를**
**불법봉인하고 강제로 영업중단을 시키자 이에 항의하여**
**서울동부지방법원과 검찰청 청사에 몰려든 JU 회원들**

였다. 이러한 초유의 사태에 경찰이 시위대를 해산시키기 위해 물대포까지 동원하였으나, 불법 메인전산서버 봉인으로 영업권과 생존권이 막힌 회원들은 필사적으로 항의했고, 결국 이종근 검사가 메인전산서버 봉인을 풀겠다는 각서를 쓰고 시위대를 해산시켜야 했다. 이종근 검사가 며칠 후 메인전산서버 봉인을 풀었을 때는 전산실 직원들이 퇴사한 상태일 뿐만 아니라, 한번 중단된 영업을 다시 재개하는 것은 사실상 불가능했기에 이후 JU 백화점은 영업을 중단해야 했다. **결과적으로 이종근 검사의 고도의 불법수사 전략이 성공한 셈이다.**

어쨌거나 내가 추후 판사 출신 변호사에게 듣기로는, 위 내용이 초유의 사태로 전국에 보도되면서 판사들의 입장에서는 '제이유가 불법적으로 법원의 재판을 방해했다'고 인식할 수밖에 없고 '제이유=불법집단'이라는 선입견이 생겨 판사들의 뇌리에 깊이 남아 재판에 영향을 미쳤을 것이라고 하였다.

주수도

에 대한

마타
도어들

(흑색선전)

# 제5장

이종근 검사와의 악연

# ① 이종근 검사의 고소 사주

서울동부지검 형사6부(특수부)에서 JU 정·관계로비 및 비자금 수사를 시작하였지만 아무런 실적이 없자 부정적인 여론의 다단계 영업 관련 수사(별건수사)로 변질시키면서 서울동부지검 형사3부 소속인 (다단계 전문수사검사로 알려진) 이종근 검사를 JU수사팀에 합류시켜 애매모호한 법률로 다단계영업수사를 시작하여 나를 먼저 구속시키는 것으로 수사방향을 전환하였다.

그런데 2006년 4월경까지도 피해자도 없고 고소건도 전혀 없어 다단계수사 착수가 곤란하게 되자, 이종근 검사는 JU국정원 문건이 언론에 대서특필된 후 이에 실망하여 타 다단계업체로 옮겨간 JU최상위 사업자인 동시에 전국사업자부대표인 은현수를 포섭하여 국정원 문건을 보여주며 "주수도가 2,000억 원 비자금을 만들었다. 이 돈을 찾아 고소하는 사람들에게만 나눠주겠다"고 고소를 사주하였고, 이후 2006년 5월 중순경 160명(JU회원 35만 명 중) 정도의 고소장이 접수되며 JU 다단계영업에 대한 수사가 본격화되었다.

## ② 이종근 검사, JU의 메인전산서버를 불법으로 봉인하다

———

JU관련 의혹들이 연일 언론에 보도되고 서울동부지검에서 압수수색 및 수사가 진행되고 있음에도 JU다단계 영업매출이 월 5백억 원 이상 발생하고 있으니, 이종근 검사는 2006. 6. 26. JU메인전산서버를 불법으로 봉인하여 강제로 영업을 중단시키고, 메인서버가 봉인되어 있어 수당 정산 등 일체의 행정을 볼 수 없는 상태로 만들었다. 이에 수당이 지급되지 않는 사태가 발생하였고, 이종근 검사는 20여명의 전산실 직원을 모은 후 "즉시 퇴사하지 않으면 '사기방조죄'로 구속 시키겠다"라고 협박하여 전산실 직원들이 출근하지 않고 퇴사까지 하게 되어 영업이 완전 중단되기에 이르렀다(즉, 선의의 피해자 발생은 영업방식의 문제가 아니라 이종근 검사의 불법적인 메인전산서버 봉인 때문이었다).

※ 이종근 검사가 불법으로 메인전산서버를 봉인하면서까지 JU의 영업을 중단시킨 근본적인 이유는?

> 다단계 영업수사의 경우, 수사기관의 수사가 진행되더라도 영업이 지속되고 있으면 주로 '무죄'판결이 나왔으며, 영업이 중단될 경우 대다수 '유죄'의 결론이 나왔다는 점을 이종근 검사가 잘 알고 있었기에 그 방법이 불법인 것을 알면서도 무리하게, 강제로 JU의 메인전산을 봉인하고 전산실 직원들을 사기방조죄로 구속시키겠다고 협박까지 하여 퇴사시키면서 영업을 중단시킨 것이다.
>
> JU의 영업이 2006년 6월 26일 이종근 검사에 의해 강제로 중단된 이후 남아있는 사업자(판매원)들을 수습하여 불스홀딩스(주) 명의로 2007년 7월부터 2007년 12월까지 영업을 이어나가고 있었는데, 이 회사 역시 이종근 검사가 송파경찰서에서 수사를 하도록 하여 결국 영업중단을 할 수밖에 없었고, 송파경찰서로부터 송치 받은 서울중앙지검 특수1부에서는 불스홀딩스(주) 이름으로 진행한 영업에 대해 <u>'혐의없음' 결정을 하였다.</u>

**3** 이종근 검사는 JU 수사 중 세 번에 걸쳐 대검 감찰조사를 받았다.

___

(1) 2007. 2. 5. 제이유 동부지검 녹취록 사태 때 제이유 수사 검사들 전체가 대검감찰에서 조사를 받은 점,

(2) 수사자료 유출 사건으로 대검감찰에서 조사받아 징계(감찰부장 주의조치)를 받은 점(한국일보 2007. 9. 21. 기사 「택시기사 폭행 검사 '경고'… 수사자료 유출 검사 '주의' 대검 감찰위 '물렁 징계'만」),

(3) 결혼예물 고가의 명품시계 수수 혐의로 대검찰청에서 감찰조사를 받은 점(한국일보 2007. 8. 7. 기사 「주수도씨 담당검사가 수사자료 유출 고소인에 피의자 신문조서 등 넘겨줘」檢'문제있는 행위…징계 여부 검토')

(1)과 관련하여, 앞서 말한 것처럼 나의 1심 선고 예정일 날 (2007년 2월 5일) 밤 9시 KBS뉴스 첫 보도로 JU 전임원 (상품

담당) 김영호에 대한 정·관계 로비 수사를 하면서 서울동부지검의 강압수사가 있었음을 확인할 수 있는 서울동부지검 형사6부 백용하 검사의 음성 녹음파일이 그대로 보도되었고, 그 결과 선우영 서울동부지검장과 이춘성 차장검사가 책임을 지고 물러나는 등 파란이 생겼다. 이 과정에서 JU 수사검사 전원이 대검 감찰 조사를 받았다.

(2)와 관련하여, 이종근 검사는 법정에서 증인신문을 하기 위하여 증인신문사항 작성을 검사 본인이 작성하거나 검찰 수사관에게 작성하도록 한 것이 아니라, 피해자 대표를 맡고 있던 은현수에게 검찰 수사 기록을 모두 주면서 '집에 가져가서 검토해서 증인신문사항을 작성해 오도록' 하였다. 은현수는 집에서 검찰 수사기록을 몰래 복사해두고 검찰에 반환하였다. 나의 항소심 재판 말미에 은현수는 이종근 검사로부터 '오로지 유죄입증에만 혈안이 되어 있고, 피해자들의 피해회복에는 관심도 없다는 점'에 배신감을 느껴 유출된 수사자료 복사본을 서울중앙지검 특수1부에 제보함으로써, 대검감찰로 이첩되어 대검 감찰 조사를 받고 감찰부장으로부터 징계('주의'조치)를 받았다.

최근 수사관의 수사자료 유출에 대해 '면직'이라는 높은 수위의 징계를 내린 점을 고려하면, 이종근 검사의 수사자료 유출은 중대한 비위행위에 해당한다(이데일리 2018. 8. 10. 「대검, 수사자료 유출 수사관 방치 검사 '면직'」, https://www.edaily.co.kr/news/read?newsId=03398086619306008&mediaCodeNo=257&OutLnkChk=Y).

(3)과 관련하여, 이종근 검사는 서울경찰청 산하의 7, 8명의 경제범죄 수사형사들과 서울시청 다단계 전담 공무원 출신 최홍섭 등으로 소위 '이종근 검사사단'을 운영하고 있었고, 이종근 검사사단이 수시로 회식하거나 집들이 등을 할 때 모든 비용을 최홍섭이 부담하였는데, 최홍섭은 서울시청을 퇴직한 이후에 소고기 가공제품을 제조하여 다단계 회사에 납품하였고, 다단계 회사로부터 번 돈으로 이종근 사단의 비용을 충당하였다. 그러던 와중 이종근 검사가 같은 검사인 박은정 검사와 결혼하게 되었고, 이때 최홍섭이 주수도를 찾아와 "한 1,000만 원 정도의 결혼 예물 시계를 해주면 좋겠다"고 부탁하였기에, 나는 "나는 모르겠고, 김명준 비서실장이랑 의논하라"고만 하였다. 서울중앙지검 특수1부는 서울동부지검으로부터 JU 사건을 재

배당받아 재수사하면서 주수도의 비서실장인 김명준을 체포하여 김명준이 소지한 다이어리를 발견하였고, 그 안에 적힌 '이종근 검사 부부의 결혼 예물 시계' 관련 내용이 발견되어 해당 내용이 대검 감찰에 이첩되었다. 그러나, 서울시청 공무원 출신 최홍섭은 이보다 먼저 JU에 납품사건으로 특수1부에서 수사를 받고 있었는데, 최홍섭의 집을 압수수색 했을 때 (서울중앙지검 특수1부에서 수사중인 수사기밀이 새었던지) 이종근 부부에게 건넸던 결혼 예물 시계기 발견되었다. 그리고 최홍섭 또한 이종근 검사에게 예물 시계를 건네지 않았다고 혐의를 부인하는 바람에 대검감찰조사로 마무리된 것이다.

# ④ 이종근 검사의 위증교사가 드러나다.

___

서석봉은 JU의 상위사업자였고 이종근 검사에게 은현수와 함께 수사에 적극 협조하였던 피해자 대표단의 본부장으로 활동하였다. 서석봉은 JU사건 1심 공판에 증인으로 출석하였다.

나는 서석봉의 위증에 대해서 서울중앙지방검찰청에 고소장을 접수하였고, 서울중앙지방검찰청은 서울강남경찰서로 수사지휘하여 서석봉에 대한 피의자신문조사가 이루어졌다. 서울강남경찰서는 피의자 서석봉을 수사한 후 '기소의견'으로 검찰에 송치하였고, 서울중앙지방검찰청의 검사는 서석봉에 대한 혐의를 인정하여 벌금 300만 원으로 약식기소하였다. 이것은 서울중앙지방법원의 약식명령 발부로 확정되었다.

나는 이 확정된 서석봉의 위증죄로 법원에 재심청구를 하였다.

법원의 재심인용에 대해서 검사가 즉시항고, 재항고까지 하였지만, 대법원에서 최종적으로 '재심사유가 있다'고 판단하여, 2012년 12월 드디어 재심이 개시되었다.

※ 다음은 서울강남경찰서 수사과 경제3팀에서 수사한 서석봉의 위증죄에 대한 피의
자신문조서에 기재되어 있는 것을 그대로 옮긴다. 해당 피의자신문조서 전문은 부
록5로 첨부되어 있으니 반드시 전문을 읽어줄 것을 당부한다. 전체 피의자신문조서
곳곳에 이종근 검사가 당시 증인들을 상대로 얼마나 적극적으로 위증교사를 하였는
지 적나라하게 드러나는데 지면관계상 일부만 옮긴다(부록5. 서울강남경찰서 작성
서석봉에 대한 피의자신문조서).

*(중략)*

**문(수사관, 이하 같음)** : 피의자(서석봉, 이하 같음)는 위 법정에서
검사의 판매원들이 1점을 달성하는데 평균 200만 원 정도를
사용한 것이 아니라 대부분 700~800만원 내지, 1,000만원 이
상을 사용하였다고 주장하는 피고인들의 주장은 완전히 거짓
이지요 라는 신문에 "1점을 700~800만원 내지 1,000만원 이
상을 사용하였다는 판매원은 본적이 없다고 증언한 사실이 있
는가요.
**답(서석봉, 이하 같음)** : 네

**문** : 위와 같이 증언한 내용은 사실인가요.

**답 :** 아닙니다. 700-800만원 이상을 사용한 판매원들이 있었습니다. 판매원이 9만명 정도 되는데 그게 몇 명의 차이이지 실제는 있습니다.

**문 :** 그러면 위증을 하였는데 위증한 이유는 무엇인가요.
**답 :** 네. 위증을 했습니다.

**문 :** 위와 같이 위증한 이유는 무엇인가요.
**답 :** 제가 말씀드리기 곤란하지만 당시 담당 검사와 상의를 했다고 보아야지요.

**문 :** 담당검사와 어떤 상의를 하였다는 것인가요.
**답 :** 당시 제이유에 대하여 협조를 많이 했는데 당시에는 주수도가 정말 죽일 사람이었기 때문에 검사님이 이렇게 하지고 해서 그렇게 진술하였습니다.

**문 :** 그러면 위증을 하기로 하였다는 것인가요.
**답 :** 그때는 위증인지는 몰랐으나 증인출석하기 전에 이렇게 저렇게 물을테니까 아니다고 하지말고 위와 같이 증언하라고 하여 그렇게 진술하였고 저만 그런게 아니고 다른 증인들도 같은 내용을 증언하라고 하였습니다.

**문 :** 검사가 그와 같이 진술하라고 한 이유는 무엇인가요.

**답 :** 그 당시에는 주수도가 죽일놈이라고 생각했기 때문에 검사와 같은 편이라고 생각했고 당연히 그렇게 해야 된다고 생각하였습니다. 그리고 피해자들이 보상받을 수 있는 방법이 그 방법 밖에 없다고 생각하였습니다.

**문 :** 피의자는 위증의 죄로 처벌받을 수 있는데 지금에 와서 그와 같이 진술을 번복하는 이유는 무엇인가요.

**답 :** 저희들이 아직도 1,700명 정도의 제이유 피해 고소인 모임이 있는데 2개월에 한번씩 정식 모임을 하고 있습니다. 당시 저희들이 검사님에게 당한 것을생각하면 많이 속상해하고 있습니다. 5년이 지났는데 원망을 하고 있는데 당시에는 주수도를 처벌하게 하기 위해서는 그렇게 밖에 할 수가 없었는데 주수도를 벌주는 것보다는 주수도로부터 돈을 받아내기 위해서 그렇게 하였고 검사도 주수도가 2,000억원이나 있으니까 돈을 받아주겠다고 하여 검사가 교육을 시키는 대로 대답을 한 것입니다.

(중략)

**문 :** 고소인은 피의자가 그와 같이 위증한 것은 검사의 공소유지를 뒷받침 해주기 위해서 그런 것이라고 하는데 맞는가요.

답 : 지금 생각하면 객관적으로 보았을 때 공소유지를 위해 한게 맞지않나 생각합니다.

(중략)

문 : 지금 기억이 안난다는 것인가요 아니면 당시 기억이 나지 않는데 '예'라고 증언한 것인가요.

답 : 당시 저희들이 증인으로 나가기전 검사가 저희들을 먼저 불러 어떻게 증언을 하여야 하는지 연습을 하였습니다. 그런데 신문 내용이 너무 많다 보니까 그냥 예라고 대답을 하라고 하였는데 저는 들은 적은 없습니다.

(중략)

문 : 그렇다면 법정에서도 그와 같이 증언을 하면 되는데 고소인(주 수도, 이하 같음)이 사업설명을 하였다고 증언한 이유는 무엇인 가요.

답 : 검사가 물었을 때 예라고 대답할 수밖에 없고 제가 추가로 설명 할 시간이 없었습니다. 그러면 변호인 측에서 그와 같은 내용을 다시 물었다면 위와 같이 설명을 하였을 것입니다. 그리고 그 당시에는 주수도는 저희들에게 죽일놈이었고 검사는 저희들에

게 구세주였기 때문에 검사말에 절대로 따라서 한 것이고 추가로 설명하고 싶지도 않았습니다.

*(중략)*

**문** : 그런데 왜 시중품에 비해 비싸다고 증언하였는가요.

**답** : 그것은 검사가 그렇게 하라고 하여 예라고 대답하였습니다.

*(중략)*

**문** : 그런데 4-5배 정도 비싸다고 증언한 이유는 무엇인가요.

**답** : 처음에는 검사님이 아홉배 열배 정도로 증언하자고 하였는데 제가 4-5배 정도 비싸다고 증언하자고 절충하여 그렇게 증언하였는데 제가 위증을 한 것입니다.

*(중략)*

**문** : 그런데 왜 재판매할 수 없다고 증언하였나요.

**답** : 검사가 신문하는 내용에 대하여 그냥 "예"라고 증언하기로 하였기 때문에 그렇게 한 것입니다.

*(중략)*

**문 :** 언제 인수했는지 기억이 없으면서 검사의 신문에 예라고 증언한 이유는 무엇인가요.

**답 :** 왜 그렇게 증언하였는지 기억이 나지 않고 제가 제일 모르는 내용이 쿠모건이고 쿠모건에 대해서도 검사에게 교육을 받았을텐데 어떻게 교육을 받았는지 기억이 나지 않습니다.

*(중략)*

**문 :** 고소인은 피의자가 검사와 잠을 자면서 증인 훈련까지 받고 위증을 하였다고 하는데 어떤가요.

**답 :** 잠을 잔 것은 아니고 새벽까지 같이 일한 것은 사실입니다.

**문 :** 고소인은 피의자가 검사의 공소유지에 협조해주어야 고소인으로부터 피해 본 돈을 받을 줄 알고 위증을 하였다고 하는데요.

**답 :** 맞습니다.

이때 기록에 편철되어 있는 은현수 작성의 "주수도 탄원서를 쓴 진정한 이유"라는 내용의 다음카페 게시글을 피의자에게 보여주고(부록1 참조),

**문** : 피의자는 이 게시물을 읽어본 적이 있는가요.

**답** : 이것뿐만이 아니고 짜증납니다. 검사가 정말 나쁜 사람이고 저희가 쓴 글이 맞습니다.


**문** : 고소인은 이 게시물은 은현수가 작성한 것이라고 하는데 맞는가요.

**답** : 네. 저와 같이 보고 승인하여 쓴 것입니다.


**문** : 고소인은 게시물 내용을 보면 주수도의 은닉재산이 2,000억이 있다, 주수도를 고소하면 돈을 받게 해주겠다, 고소장 초안까지 써주기로 하였고 사전에 증인 훈련까지 하여 왔다는 내용과 나중에 검사에게 속았다는 것을 알고 이와 같은 내용의 글을 올렸다고 주장하는데 어떤가요.

**답** : 그런 내용이 다 사실입니다.


*(중략)*


**문** : 담당 검사가 어떤 방법으로 피해 보상을 해줄 것이라고 믿고 허위로 위증을 하였다는 것인가요.

**답** : 그 당시 상황을 보면 제이유에 미련을 가지고 고소장에 제출한 사람은 얼마되지 않았는데 검사가 저희들에게 고소할 사람들

을 검사방으로 데리고 오라고 하여 저희들이 고소할 사람들을 검사방으로 데리고 갔습니다. 그러면 검사는 주수도가 2,000억원의 비자금이 있다고 하였고 고소를 한 사람에 한해서 그 돈으로 피해 보상을 해주겠다고 하였으며, 그 사건 이전에 제이유와 비슷한 사건이 있었는데 그 사건을 처리하면서도 고소를 한 사람에 한해서 보상을 해준 적이 있다고 하니까 그 당시 저희 입장에서는 검사가 시키는 대로 협조하는 수밖에 없었습니다.

## ⑤ 이종근 검사의 악감정 표출

—

　내가 재심 청구를 했을 때 이 사실이 언론에 크게 보도되었고, 당시 이종근 검사는 당시 대구 서부지청 검사실에서 근무 중이었다. 피해자 단체 대표인 이기상과 김인원이 이종근 검사를 찾아가 "주수도가 나와야 보상이 이루어질 것 같다. 이제 그만하시고, 재심청구가 되었으니 검사님이 도와 달라"고 부탁하였으나 이종근 검사는 **"주수도가 시계를 갖고 나를 죽이려고 했다. 그래서 주수도를 절대로 용서할 수 없다"는 개인적인 악감정을 서슴없이 드러냈다.** 게다가 이종근 검사의 부인인 박은정 검사(사법연수원 29기)도 주변에 "내가 검찰에 있는 한 주수도가 햇볕 못 보게 할 것이다"라는 악담까지 하였다고 들었다.

## 6 재심 재판 당시 별건으로 이종근 검사의 청부수사

※ 휴먼리빙 사건에 대한 자세한 내용은 부록6을 참고하기를 바란다.

JU네트워크와 JU백화점에 대한 특경사기죄와 방판법위반 부분에 대하여 재심 재판이 개시되었는데, **재심개시의 결정적인 사유는 이종근 검사 측 증인 서석봉이 위증을 한 것**이고, **서석봉의 위증 피의자 신문조서 내용을 보면 이종근 검사의 위증교사가 적나라하게 드러났다.**

이에 위기감을 느낀 이종근 검사는 수원지방검찰청 소속 부장검사로 근무 중이었음에도 불구하고, 나의 재심 1심 재판이 진행되던 서울동부지방법원의 공판에 직접 출석하여 공판검사 역할까지 하였다.

**만약 나의 재심재판이 무죄로 뒤집힐 경우 이종근 검사의 위증교사 혐의가 세상에 드러날 위기에 처하자, 이종근 검사는 내**

가 옥중에서 과거 JU 회원들과 임직원들이 중심이 되어 다단계 회사인 휴먼리빙 회사에 대하여 경영자문을 해주고 있음을 간파하고 서울광역수사대 김현수 팀장(다단계 전문 수사관, 다단계로 박사학위까지 받았음)과 공정거래위원회 특수보호거래과(다단계 담당부서) 과장 안병훈, 한국특수판매공제조합(소비자 피해보상을 위한 조합이며 다단계판매회사는 공제조합에 가입되어 있지 않으면 무등록다단계영업으로 처벌받게 됨) 이사장 신호현을 바깥 카페로 불러서 '주수도가 옥중에서 휴먼리빙 회사의 사기영업을 주도하고 있는 것 같으니, 휴먼리빙 회사에 대하여 광역수사대, 공정위, 공제조합이 합동으로 즉시 수사에 착수해달라'고 청부하였다.

### 1) 이종근 검사로부터 수사청부를 받은 공정위의 행위

이종근 검사로부터 청부를 받은 세종시에 있는 공정위 특수보호거래과 소속 공무원 10명이 2013. 9. 23. 추석연휴 다음날 아무 예고도 없이 서울 강남구에 소재한 휴먼리빙 본사를 불시에 덮쳤고, 이틀간 압수수색을 진행하였다.

그리고 며칠 후 휴먼리빙에 대한 공정위 조사에 대응하는 휴먼리빙 측 법무법인 화우 구상모 변호사가 공정위가 요구한 반품 자료를 들고 세종시까지 내려가 제출을 하려고 하자, '어차피 경찰에 수사의뢰를 할 예정이니 경찰에 제출하라'는 답변을 받았다. 보통 공정위 조사는 담당공무원 2-3명이 미리 예고하고 현장조사를 실시하는데, 휴먼리빙에 대한 조사는 이러한 관행과는 완전히 다르게 이루어졌다. 뿐만 아니라 통상 공정위가 현장 자료 압수를 한 이후에는 공정위 자체 조사 과정이 있고, 회사 측에 소명을 요구하는 절차도 있으며, 공정위 자체의 심판 과정을 거치고 난 다음, 과태료 처분이나 수사기관에의 고발 조치 등이 이루어진다. 하지만 휴먼리빙에 대한 공정위 조사는 이러한 절차 없이 곧바로 경찰에 수사의뢰 되었다.

## 2) 이종근 검사로부터 수사청부를 받은 서울경찰청 광역수사대의 행위

공정위로부터 경찰에 수사의뢰가 들어오자 서울경찰청은 당시 휴먼리빙의 수사관할지인 서울강남경찰서에 사건을 배당하였다. 그런데 사건이 배당되고 며칠 후에 서울경찰청 광역수사대 김현수 반장 아래에 있는 남철안 수사관이 서울강남경찰서를 찾아와서 **'휴먼리빙 사건은 서울경찰청 광역수사대 김현수 반장이 맡기로 되어 있는 사건이니 광역수사대로 사건을 넘기라'**고 요구하였다. 그래서 서울강남경찰서는 서울경찰청으로 사건을 다시 반송시키고, 서울경찰청은 공정위의 의견을 들어서 서울경찰청 광역수사대로 휴먼리빙 사건을 재배당하는 이례적인 행위를 하였다.

처음 공정위가 휴먼리빙을 고발한 수사의뢰 혐의는 ① 대량 반품에 따른 배임 혐의, ② 35% 초과 수당지급에 대한 방문판매법 위반 혐의, 두 가지였다.

그런데 **다단계 수사의 최고 베테랑 수사관으로 소문이 나있던 서울경찰청 광역수사대 김현수 반장은 휴먼리빙 사건을 '다단계 사기사건'으로 정조준하고 고발도 되지 않은 '주수도'에 초점을 맞추어 강도 높은 수사를 시작**하였다. **김현수 반장은 당시 구속수감 중이던 나의 한 평 짜리 방을 압수수색을 하고 나를 상대로 8회에 걸쳐 강도 높은 피의자신문을 하였지만 끝내 나에 대해서는 '혐의없음' 의견으로 검찰에 송치**하였고, 당시 휴먼리빙 경영진 및 최상위 판매원 등 7명을 구속기소하였다.

서울광역수사대가 검찰에 기소의견으로 송치한 내용은 특경법위반(사기), 방판법위반, 외부감사법위반 등이었는데, 결국 최초 공정위가 고발한 두 혐의 중 배임혐의는 기소조차 되지 않았고, 35% 초과수당에 대한 방판법위반혐의에 대해서는 법원에서 무죄 판결이 나왔다. **결과적으로 최초 공정위가 경찰에 수사의뢰한 휴먼리빙의 범죄혐의에 대해서는 아무런 죄가 되지 않았던 것**이다.

### 3) 이종근 검사로부터 수사청부를 받은 한국특수판매공제조합의 행위

한국특수판매공제조합에서는 휴먼리빙에 대하여 공제담보금[다단계 업체들이 소비자 피해보상(다단계회사가 판매한 물품에 대하여 반품을 받아주지 않을 경우 포장도 뜯지 않고 전혀 훼손되지 않은 물건을 판매원이 공제조합에 가져가면 다단계판매회사 대신 공제조합이 1인당 최대 천만 원까지 반품대금을 지급해주는 것)을 위하여 다단계회사들에게 역산하여 최근 3개월 매출의 10%~22%까지 신용도에 따라 공제담보금을 납부하게 함]을 부담하게 하였는데, 당시 휴먼리빙은 신용도가 좋아 매출의 10%씩 공제담보금으로 납부해왔다.

그런데 **한국특수판매공제조합은 갑자기 2013. 9.경부터 휴먼리빙에 대하여 공제담보금 비율을 최고비율인 22%로 올리겠다고 일방적으로 통보**하였다. 당시 휴먼리빙은 한국특수판매공제조합의 이 같은 일방적인 통보에 따라 갑자기 35억 원여의 공제담보금을 추가로 납부해야 하는 상황이 되므로 휴먼리빙의 자금부담을 가중시켰다.

공제담보금을 납부하지 못하면 공제거래 중지가 되어 즉시 영업을 중단해야하기 때문에, 영업을 계속하는 경우 무등록 다단계 영업이 되어 불법영업이 된다. 이에 휴먼리빙은 울며 겨자 먹기로 한국특수판매공제조합의 요구에 따를 수밖에 없어 추가공제담보금을 전부 납부하였다.

**7** 휴먼리빙 사건에서 주수도에 대해서는
경찰이 혐의없음 의견으로 검찰에
송치한 이후, 이종근 검사가 휴먼리빙
사건을 조종하였다는 의심

────

2014년 2월초 서울경찰청 광역수사대가 검찰에 나에 대하여 혐의없음 의견으로 송치하자, 사건을 송치받은 서울중앙지검 형사3부는 무려 4년 가까이 주수도에 대하여 조사도 하지 않고 사건을 종결시키지도 않았다. 그런데 서울중앙지검 형사3부는 내가 기존 JU사건으로 12년 10월의 형기를 종료하기 불과 몇 개월 전에 담당검사를 교체하고, 출소 3개월 전에 '혐의없음' 의견으로 송치된 사건을 기습적으로 기소한 후 대대적인 언론플레이('주수도가 옥중에서도 사기영업을 주도했다')를 하였다.

바로 이 서울중앙지검 형사3부가 이와 같이 이례적이고 상식 밖의 사건 처리를 한 배후에는 이종근 검사가 있다는 소문이 있었다. 당시 **문재인 정권의 최고 실세 검사였던 이종근 검사는**

**박상기 법무부 장관의 정책보좌관으로 있으면서 배후에서 나의 휴먼리빙 사건을 조종한 것**으로 소문이 나있었고, 유력한 정황도 있었다.

이렇게 기소된 휴먼리빙 사건에 대하여 **재판부는 휴먼리빙의 기망행위의 핵심수단이었던 '변질된 영업(수당예상표)'에 대하여 내가 알았다는 증거는 없지만(서울경찰청 광역수사대 김현수 경감은 내가 변질된 영업을 알았다는 증거가 없다는 이유로 혐의없음 의견으로 송치하였고, 이후 추가로 발견된 증거도 없었다), 내가 다단계 전문가로서 변질된 영업을 할 수도 있다는 것을 미필적이나마 인식하였다고 봄이 타당하다고 인정**하여 유죄를 선고하였다.

# ⑧ 재심재판을 망치기 위한 이종근 검사의 고도의 전략

___

　재심이 개시되자 나는 드디어 진실과 억울함을 밝힐 수 있는 기회라 생각했다. 1심 재판을 받았던 2006년도는 JU사건에 뜨거운 감자로 연일 보도 되며 엄청나게 악화되었던 여론과 계속 진행되던 검찰수사로 도저히 공정한 재판을 받을 수 없었다 생각했기 때문에, 2013년 개시된 재심에 많은 희망을 걸게 되었다.

　내가 알고 있는 '재심'에 대한 법률은 재판을 완전히 처음부터 다시 하는 것으로 알고 있었다. 그러나 실상은 전혀 그렇지 않았다. 절차만 다시 하는 것에 불과하고 재판의 내용은 참으로 형식적이라고 느껴졌다.

　한 가지만 말해보자면, 서울동부지방법원 재심1심(재판장 최승욱 부장판사) 공판당시 증거조사를 다시 하게 되는데, 우리

측 변호인들은 검사가 기소하지 않은 약 5,000억 원의 TNM매출(마트, 백화점, 가맹점 등의 매출)에 대한 녹취록에 대하여 증거부동의를 하였다. 그런데 판사는 매우 신경질적으로 "과거 1, 2, 3심 재판을 다한 것을 무효라고 생각하느냐. 왜 증거를 부동의하느냐"는 식으로 윽박지르다시피 했다. 그래서 어쩔 수 없이 증거동의를 해야 하는 황당한 상황이 되었다.

그걸 보면서 대법원에서 재심사유가 있다고 하여 재심을 개시하였음에도, 판사들은 여전히 나에 대한 편견에 사로잡혀있고, '재심'도 새로운 진실을 발견하려는 노력보다는 정해진 절차라 어쩔 수 없이 처리해야 하는 귀찮은 일쯤으로 보고 있다는 것이 느껴졌다.

**이종근 검사의 고도의 전략, 즉 "주수도가 옥중에서도 여전히 '휴먼리빙'이라는 다단계 회사로 사기영업을 주도하고 있다, 지금 경찰에서 수사 중이다"라고 법정에 나와 주구장창 주장하고 언론플레이가 이루어졌다.**

검사가 '피고인이 여전히 옥중에서 사기영업을 주도 하고 있다'고 주장하는데 어느 판사가 재심재판에서 진실규명에 힘을 쓸 수 있을까? 결국 재심재판은 서석봉의 위증 부분을 제외하더라도 나머지 증거들만으로도 유죄가 된다는 취지로 결론 났다.

**⑨ 부패재산몰수법의 소급적용**

─────

　횡령·배임죄의 피해재산만 범죄피해재산으로 규정되어 있을 뿐 사기죄의 피해재산은 범죄피해재산에 포함되지 않아, '부패재산몰수법' 상 추징의 대상이 되지 않았다. 그런데 2019. 8. 20.자 부패재산몰수법에 다단계판매사기도 포함시키는 법률개정을 하면서 부칙 제2조에서 "이 법 시행 당시 수사 중이거나 법원에 계속 중인 사건에도 적용한다"고 소급적용을 하였다. 이러한 소급입법은 위헌적 소지가 분명히 있다.

　이에 2013년 1월 1일부터 2014년 1월 2일까지 범죄기간이었던 휴먼리빙사건에 대해 나의 12년 10개월 본 형기가 종료하기 3개월 전인 2019년 2월 8일에 기소를 하였고, 1심 재판 중이었던 2019년 8월 20일에 위 부패재산몰수법이 개정되었다. 1심 선고 때까지는 부패재산몰수법 위반으로 기소하지도 않았고, 추징금 선고도 없었다. 그런데 **2심 재판 중 갑자기 공소장 변경으로 부패재산몰수법도 적용되었고 2심 선고에서 약**

**444억 원의 추징금이 부과**되었다.

위 법은 이종근 검사가 법무부 장관 정책보좌관으로 임명되어 근무기간 중에 법무부 입안으로 개정된 것으로, 이종근 검사가 진두지휘한 것으로 알려져 있다.

나로서는 1심에서 공소장 상에 있는 피해금액 약 444억 원에 대하여 이미 대부분 '합의'에 이르렀는데, 항소심에서 부패재산몰수법의 소급적용으로 약 444억 원에 대한 추징이 선고되어, 이중 배상을 해야하는 난감한 상황이 되었다.

# 주수도

에 대한

## 마타
## 도어들

(흑색선전)

# 제6장

금사력가우(KaslyJU)와
JU사태로 인한
피해보상을 위한 나의 약속

# ① 중국합자회사 금사력가우(KaslyJU)의 현황

## 1) 중국합자회사 금사력가우(KaslyJU)란?

나는 2004. 12. 경 중국굴지의 제약그룹인 '천사력그룹(天士力그룹)'과 당시 한화 약 138억 원 상당의 자본금을 공동으로 투자하여 직소판매회사인 금사력가우(Kasly JU)를 설립하여 JU네트워크가 49%의 지분을, 천사력그룹이 51%의 지분을 나눠가지고, <u>금사력가우 매출의 50%에 대해서는 JU그룹이 한국에서 수출하는 대한민국의 상품, 원료를 판매하는 것으로 합의하였다. 그러나 2006년 7월 내가 구속수감되면서 위 계약조건이 이행되기 어려운 상황이 되었고, 그로 인해 금사력가우 경영으로 창출할 수 있던 상당한 국부가 손실되었다.</u>

## 2) 금사력가우(KaslyJU)가 보유한 직소판매허가권은 좀 더 특별한 가치가 있다.

현재 금사력가우는 8개 성, 19개 시에서 직소판매영업을 하고 있으며, 18개 산하기구와 90개의 서비스제공점포를 운영하고 있다. 금사력가우와 같이 중국 전역에서 직소판매업을 영위할 수 있는 업체는 10개도 되지 않을 정도로 희귀하다. 또한 금사력가우의 계열사로 화장품공장 등 30개 정도의 자회사까지 거느리고 있으며, 중국 내 신용평가 등급 분석표에 의하면 최고 A등급(90점)을 확보하였을 정도로 우량한 회사이다.

### 5. 중국 내 신용평가 등급 분석

타켓회사의 신용등급을 분석할 때, 타켓회사의 신용기록, 배경과 역사, 기업의 과학기술 혁신능력, 기업의 활력과 기업의 경영상황 등을 종합적으로 고려하여 나타나는 기업등급정보는 이용자가 참고할 수 있도록 한다. 신용등급의 의미는 다음과 같다.

| 등급 | 점수 구간 | 설명 |
|------|-----------|------|
| A | 90-100 | 경영상태가 좋고 조직배경이 강하며 과학기술혁신능력이 강하고 발전전망이 좋으며 신용을 잃는 등 이상 상황이 없다. |
| B | 70-89 | 운영이 양호하고 발전 추세가 좋다. 각종 종합실력이 안정적으로 발전하고 신용기록이 양호하다. |
| C | 60-69 | 기업 상태는 업계 평균 수준이며 종합적인 실력은 보통이다. |
| D | 40-59 | 기업의 상태는 업계 평균보다 낮고, 수익성은 약하며, 양호한 발전 추세가 없다. |
| E | <40 | 기업의 경영상태가 매우 나쁘고 신용기록이 불량하여 거래할 수 없다. |
| N | | 정보가 충분하지 않아 등급을 매길 수 없다. |

★ 출처 : 북경랑옌로펌/북경국중컨설팅 北京市 朝阳区 东三环北路 天元港中心 B902 号 B902, Tianyuan Gang Center, Dongsanhuan North Road, Chaoyang District, BEIJING 100016), (T) +86-10-6468-0411/2 (F) +86-10-6468-0410

**중국 내 금사력가우의 신용평가 등급 분석**

### 3) 2007년 7월 중순 중국 천사력그룹 측과의 협상

내가 2006. 7. 26. 구속되어 1심 재판에서 12년 형을 받게
되자, 천사력그룹은 2007년 7월 중순 경 천사력그룹의 법률대
리인을 내게 보내 금사력가우에 대한 JU네트워크(주)의 지분
49%를 헐값(당시로서는 투자금액의 두 배 정도)에 넘길 것을
종용하였다. 그러나 나는 그러한 천사력그룹의 제안을 단호히
거절하여 무산되었다.

### 4) 2014년 9월 경 천사력그룹측의 2차 제안

천사력그룹측에서는 법무법인 율촌의 베이징지사소속 정
모 변호사(검사출신)를 선임하여 나의 변호인 중 금사력가우 관
련 업무를 담당하였던 정익우 변호사(검사출신)를 통해 "JU가
가지고 있는 금사력가우의 지분 49%를 천사력그룹측에 300억
원에 넘기지 않겠느냐?"라고 2차 협상 제안을 하였으나, 나는
"금사력가우의 직소판매허가권만 해도 2,000억 원이 넘는데,
무슨 소리를 하는 것이냐."라고 거절하였다.

## 5) 2014년 12월 경 서울시 38징수팀, 금사력가우의 JU 보유 지분을 압류하다.

내가 2번의 협상을 거절하자, 천사력그룹은 2014. 12. 서울시 38징수팀 공무원을 중국 천진에 소재한 천사력그룹 본사로 초청하였고, 이후 서울시 38징수팀은 금사력가우에 대해 JU네트워크(주)가 보유하였던 지분 및 배당금에 대해 압류조치를 하였다. 당시 내가 파악한 바로는, 서울시 38징수팀에서 JU의 금사력가우에 대한 지분 등을 압류하여 자산관리공사(캠코)를 통해 공매를 진행하게 하면, 천사력그룹 측에서 가지고 있는 해외의 자회사를 통해 헐값에 입찰하여 지분을 획득하려고 하였던 것이다.

## 6) 압류무효소송 진행

서울시 38징수팀이 자산관리공사를 통해 JU가 보유한 금사력가우의 지분 49%를 공매에 붙이자, 나는 우선 서울행정법원에 압류무효소송을 제기하여 공매를 저지하였고, 압류무효소송은 1, 2심에 이어 2019. 12. 12. 대법원에서 최종 승소하였다.

## 7) 2020년 9월 경 금사력가우 지분 49% 매각 추진

나는 2020년 9월 경 법무법인 서평의 이재순 대표변호사를 금사력가우 지분 49%의 매각주관사로 선정하여, "2,000억 원만 받아주고 그 이상 받는 것은 컨설팅 비용으로 가져가도록 약정" 하였다.

매각주관사는 홍콩 D그룹으로부터 매수의향서를 받아 매각협상을 진행하였는데, 나는 그 과정에서 중국 천사력그룹의 동의가 필요하여 천사력그룹에 나의 지분 49% 매각의사를 통보하였다.

그런데 홍콩 D그룹은 나의 지분 49%만 인수해서는 금사력가우 전체 경영을 할 수 없다고 판단하고, 매수협상 과정에서 나와 천사력그룹의 금사력가우 지분 전체(100%)를 매수하고 싶다는 의사를 밝혀왔다.

홍콩 D그룹은 중국 수장법률사무소를 매수협상대리인으로 선정하여 천사력그룹과 매수협상을 하였다. 홍콩 D그룹은 천사력그룹 51%지분과 JU의 49%지분을 모두 합하여 5,000억 원에 매수하겠다는 입장이었다. 그런데 천사력그룹은 자신들의 금사력가우 지분 51%에 대하여만 무려 5,000억 원을 매수가로 요구하여 협상에 난항을 겪고 있었다.

### 8) 서울시 38징수팀, JU네트워크(주)에 대한 파산선고신청을 하다.

홍콩 D그룹과 금사력가우에 대한 매각협상을 진행중이던 2020. 10. 26. 서울시 38징수팀은 서울회생법원에 JU네트워크 (주)에 대한 파산선고를 신청하였다. 서울시의 파산선고신청 직후부터 천사력그룹은, "파산선고신청의 결과를 지켜본 후 결정하겠다."라며 홍콩 D그룹과 진행 중이던 매각협상에 협조하지 않았고, 이로 인해 매각협상은 거의 중단된 상태가 되었다.

※ 얼핏 보면 서울시 38징수팀의 파산선고신청과 천사력그룹은 아무런 관계가 없어 보이지만 소송의 진행과정을 살펴보면 서울시 38징수팀과 천사력그룹 간 내부적인 협의가 있었던 것으로 보인다. 천사력그룹 측에서 서울시 38징수팀 공무원을 중국으로 초청하여 긴밀히 협의한 이후인 2014년 12월, 서울시 38징수팀이 금사력가우 지분 49%에 대하여 압류하였다는 것은 압류무효소송에서 드러난 사실이다.

## 9) 중국 천사력그룹측의 전략은?

2020년 법무법인 서평을 통해 진행하였던 매각추진 건으로 인해 천사력그룹은 금사력가우의 전체지분 100%가 5,000억 원 이상에 매각될 수 있다는 것을 알게 되었고, 이에 서울시 38징수팀과 적당히 협상하여 100억 원(서울시 지방세 체납액 약 109억) 정도로 JU네트워크의 금사력가우 지분 49%를 인수한 후 금사력가우의 전체 지분 100%를 매각하면, JU네트워크의 몫인 약 2,000억 원 이상의 매각대금을 천사력 그룹측이 모두 가질 수 있다는 계산을 한 것이다.

천사력그룹측의 명분은, "주수도 당신이 영업을 하지 않고 17년 간 감옥에 갇혀 아무런 역할도 한 것이 없는데, 2,000억 원 이상의 돈을 한국으로 가져갈 이유가 있느냐."는 것이다.

그러나, 내가 구속되기 훨씬 이전인 2005년 초 경부터 나와 JU네트워크는 금사력가우의 초기 사업 기반을 구축하는데 큰 역할을 하였다. 나는 JU네트워크의 임직원 9명을 약 3년간 중국 천진 금사력가우 본사에 파견하여 금사력가우의 대표이사를 비롯한 주요직책을 맡아 중국 전역의 물류시스템을 구축하고 1만평 규모의 초현대식 화장품 공장을 신축하였으며 마케팅 및 상품개발준비 등 사업 전반을 지휘하였고, 그 결과 중국 상무부로부터 '직소판매허가권'을 취득케 하였다(금사력가우의 가장 중요하고 값나가는 자산이 바로 이 '직소판매허가권'이다). 그 결과, 금사력가우는 지난 16년 간 중국전역에서 '직소판매영업'을 할 수 있었던 것이다.

이 '직소판매허가권'이 바로 금사력가우의 핵심이다. 한국과 다르게 중국의 '직소판매'는 각 성마다 허가를 받아야 하는데, 금사력가우는 현재 '중국전역'에서 이 '직소판매'가 가능한, 중국 전국구 영업허가를 가지고 있는 것이다. 중국 전역에서 영업할 수 있는 허가권을 취득한 직소판매 회사는 몇 개 되지 않는 것으로 알고 있다. 그렇기에 홍콩 D그룹에서도 '금사력가우 전체지분을 인수하는 기업은 중국전역에서 동시 영업이 가능한 영업권을 갖게 되는 것이다'라는 점에 주목하여 금사력가우의 전체지분을 인수하려고 하였던 것이며, 직소판매허가권 자체의 가치만 해도 2,000억 원이 넘는다는 것이 바로 이 이유다(부록 7. 서울회생법원에 제출된 법무법인 서평의 질의회신서 참조).

현재 금사력가우의 직소판매영업허가는 2033년까지(30년)이며, 2033년 이후에도 30년씩 연장이 되는 구조이므로 그 경제적 가치는 실로 어마어마하다.

**10) 2022년, 주수도의 이름으로 금사력가우 지분 49%를 양수하다.**

2022. 11. 29. 나는 JU네크워크(주)가 보유하고 있는 금사력가우의 지분 49%를 내 명의로 인수하였다. 이유는 두 가지다. 우선, 나는 2006년 JU사태로 선의의 피해를 본 JU회원들과 약 700억 원 상당의 도의적인 보상합의를 하며, "금사력가우 지분의 49%를 담보한다."라는 내용의 공증도 작성해 둔 상태였기 때문에 이렇게 무력하게 JU네크워크의 금사력가우 지분을 빼앗길 수 없었기 때문이다.

또한, 현재 서울행정법원에 조세채무부존재소송이 진행 중인 서울시의 지방세 및 국세 등이 있는 상황이므로 납부해야 할 조세채무가 법원의 확정판결에 의해 결정된다면 당연히 금사력가우지분을 매각하여 세금을 납부하여야 하기 때문이다.

즉 내가 JU네트워크(주)의 지분 100%를 보유한 1인 주주이기도 하고, 또 내가 JU네트워크(주)가 지고 있는 모든 채무를 책임지는 조건으로 JU네트워크(주)의 금사력가우 지분 49%를 내 개인 앞으로 취득한 것이다. 그런데 파산관재인은 위 지분 49%를 다시 JU네트워크(주)로 넘기라고 하면서 부인의 청구 소송을 제기하였고, 현재까지도 '이의의 소' 소송 진행 중이다.

지금도 금사력가우 지분을 둘러싸고 여러 소송이 진행 중이며, 나는 끝까지 금사력가우 지분을 지키기 위해 최선의 노력을 다하고 있다.

## 2 JU사태 및 휴먼리빙 사건 피해자들에 대한 나의 보상약속

───

나는 모든 도의적 책임을 지고 JU사태, 휴먼리빙 사건으로 인하여 피해를 입은 선의의 피해자들과 금사력가우 지분을 담보로 모두 피해보상 합의를 하였다.

○ 보상방법은,

1) 1차적으로는 금사력가우 지분을 매각해서 보상을 할 계획이다.

2) 만약 금사력가우 지분이 매각되지 않거나 끝내 지분을 지켜내지 못했을 시, 내 인격을 걸고 출소 후 1년 후부터 보상합의서에 따른 보상을 단계적·합리적으로 이행할 것이다(단, 결코 다단계회사를 다시 운영하지는 않을 것이고, 다단계가 아닌 사업을 통해서 보상할 것이다)

법적인 손해배상 채권의 소멸시효도 모두 지났고 감옥살이까지 했음에도 보상을 하겠다는 것은 허무맹랑한 약속이 아닌지 의심을 할 것이다. 그러나 나는 1998년 첫 번째 다단계 회사인 일영인터내셔널 사건으로 구속되었을 때, 약 2년 만에 석방되어 1년여 만에 모든 피해변제를 했었던 전력이 있다. 당시 많은 피해자들이 감옥에서 나와서 새로 일을 해서 피해를 변제하는 사람은 처음봤다고 하며 감동하기도 했다.

내가 가진 신념은, '사람과 짐승이 다른 것은 사람은 말을 할수 있다는 점인데, 사람이 한번 자기 입으로 뱉은 말을 지키지 않는다면, 짐승과 다를 바가 없다'는 것이다. 나는 손해가 나더라도 내가 내뱉은 말은 바꾸지 않았기 때문에, 나를 경험했던 사람들은 나에게 '말이 법인 사람이다'는 별명을 붙여주기도 했다. 나는 짐승이 아닌 사람이고, 영원히 사람으로 남을 것이기 때문에, 위 내가 책에까지 기록해둔 이 약속은 반드시 지킬 것이다.

# 주수도

## 에 대한

# 마타
# 도어들

(흑색선전)

# 부록1

은현수의 양심선언

# 주수도 탄원서를 쓴 진정한 이유

___

**글쓴이** : 은현수　**번호** : 94　**조회수** : 1　2007.06.19 04:29

　제소모 회원 여러분! 제이유 피해 고소인 최대단체인 "제소모"의 대표 본인 은현수가 왜 주수도 석방 탄원서를 제출하게 되었는지 진정한 배경과 진짜 이유를 여러분들에게 속 시원하게 밝히고 싶습니다.

　2006년 5월말 당시 제이유 그룹 주수도를 최초로 고소하게 된 것은 피해보상 약속은 이행되지 않고 피해는 갈수록 불을 보듯 뻔한데, 검찰의 수사는 본격적으로 이루어지지 않고 있는데다가, 당시 동부지검의 이종근 검사는 "고소를 해야 돈을 받을 수 있다" "주수도의 은닉재산의 2000억원 이상 있다" "고소하면 돈 받게 해 주겠다"는 말을 하며 고소하기를 종용 하길래, 수많은 피해자들의 엄청난 피해를 변제받을 수 있다는 기대와 희망을 갖고 고소하게 된 것입니다.

고소 후 검사의 수사가 본격적으로 착수되고 피해자 대표 및 본인은 검사가 시키는 대로 고소인조사, 피의자 대질신문, 피해자 진술조서작성, 주수도 처벌 요청 진정을 하면서 수사에 적극 협조하기 시작하였습니다.

2006년 7월 주수도가 검거되고 1심 공판이 본격 시작되면서 역시 검찰에 협조하여 증거자료 및 압수된 1천여개의 영상테이프를 시청 및 녹취협조, 새로운 녹화테이프 제출, 검찰 즉 증인 및 증언, 검찰의 증인신문조서 및 반대신문조서 작성에 매달려 밤을 세워가며, 거의 매일 생업을 전폐한 채 검찰에 출근하다시피 하였던 것입니다.

이것은 오로지 제이유피해자 전체의 대표로서 오로지 주수도를 사기로 유죄입증하고 그렇게 함으로써 피해자들에 대한 피해변제를 받고자 하는 일념뿐이었습니다. 심지어 검사는 공판이 진행되는 과정에 재판부 주수도 처벌이나 구속집행정지에 반대하는 진정서를 우리 고소인단체에 끊임없이 요구하고 추가 고소할 것을 요청하며 추가 고소장 초안까지 써주기도 하였으며 사전에 증인 훈련까지 하여 왔습니다.

본인을 포함한 고소인대표들은 이 길만이 피해변제가 되는 지름길이라는 검사의 말만 믿고 온갖 비난과 공격을 외면한 채 검사와 유죄확정에만 열을 올려왔던 것이었습니다.

그러나, 1조 8천억원 이상의 피해가 발생하였음에도 불구하고. 1심 징역12년. 2심 무기징역구형과 선고만 앞둔 현시점에서 피해 보상에 대해서는 어떤 확실한 대책이 없어 피해고소인들은 허탈하고 망연자실하고 있는 상황입니다.

주수도는 구속집행정지나 보석으로 밖에 나가야만 피해 보상할 수 있다고 주장할 뿐 아무런 피해 보상을 하지 않고 있습니다.

지금 항소심 끝자락에서 고소인 대표들이 주수도와 피해협상을 거듭하면 할수록 주수도는 결국 감옥 안에서는 피해보상이 되지 않는구나 하는 한계와 벽에 부딪히게 됨을 느끼게 됩니다.

정말 어려운 피해자들의 피해보상을 위해서는 유죄 확정하여 형을 살리는 것 만이 능사인가? 피해자의 고소목적은 피해금액을 받고자 한 것이 아닌가 하는 깊은 고뇌에 빠지게 합니다.

항소심 검사이며 이제는 부천지청 소속의 이종근 검사와 이 문제를 진지하게 부천지청 검사실에서 논의 하던 중 검사의 논리에 엄청난 충격을 받게 됩니다. 검사는 피해변제에는 아예 뜻이 없고 말로만 피해보상을 이야기할 뿐 피해보상은 아랑곳하지 않고 오로지 유죄확정에만 열을 올라고 있다는 사실에 경악을 금치 못하게 된 것입니다.

본인 제소모대표가 말하기를 "피해변제만 될 수 있다면, 석방하여 도주할 수 없는 제도장치를 갖추어서 조금이라도 피해자들에게 주수도가 진짜 피해변제를 해주었으면 좋겠다"는 말을 검사에게 하자, 검사는 "주수도가 나와서 피해변제가 되어도 골치 아프다, 피해 변제되고 고소인과 합의가 되어 합의서가 재판부에 제출되 면 본건 사기가 무죄가 되거나 감형이 되면 공소유지가 안된다" "추가 사기피해가 발생하지 않도록 하는 것도 큰 업적이다" "이대로 가자"는 말을 하는 것이었습니다. 그제서야 본인과 우리 고소인들은 검찰의 유죄입중에 끊임없이 이용당하고 끝없이 활용되 었다는 생각에 놀라움을 금치 못하였으며 엄청난 배신감과 절망에 빠져들게 되었습니다. "고소하면 돈받을 수 있다"는 달콤한 검찰의 말만 믿고 따라온 본인 및 고소인들은 이렇게 되면 이 엄청난 피해는 그렇게 믿었던 검찰이든 그 누구도 책임져 주지 않는구나 하고 이제서야 깨닫게 되었습니다.

제소모는 그래도 민사소송까지 제기해 놓았지만 민사는 시간이 많이 걸리므로 대책없이 길거리에 나앉게 된 수많은 피해 고소인들을 생각하면 제소모 대표로서 이번에야말로 꼭 형사 피해보상을 꼭 이루어야겠다는 열망과 집념뿐이었습니다.

이제 6월 21일 2심이 끝나면 형사적인 피해보상 합의는 끝이 나는구나 하는 생각이 들자 고소인 대표로서 무한한 책임을 느끼며 밤잠도 못자고 악몽만 꾸게 되는 지경에 이르게 되고 어차피 피해변제 해 줄 놈은 주수도 이지 검사가 아니다, 검사는 유죄확정으로 가고 우리 피해자들은 피해 보상 목적으로 서로 다른 길로 갈 수 밖에 없지 않느냐, 이런 상황이라면 이젠 피해 보상에 대해서는 믿을 대가 없구나! 주수도가 사고를 일으켰다면 주수도가 결자해지하는 수밖에 없다. 진짜 조금이라도 피해 보상만 될 수 있다면 제도적 장치를 갖추어서 주수도가 나와서 보상하는 기회를 진정으로 주었으면 좋겠다는 생각에 이르자

고소인대표로서 고뇌에 찬 외로운 결단으로 주수도 구속집행정지탄원서를 제출할 수 밖에 없었으며, 검사의 철저한 공명심에 배신당한 실망감과 좌절감에 이렇게 사실대로 고백할 수 밖에 없는 상황에 이르게 된 것 입니다.

본인은 오로지 피해변제를 위해 탄원서를 제출하였지만 2007. 6. 5. 법정에서 공소유지에 급급한 검사는 본인의 탄원서 제출을 개인적인 문제롤 몰고 갔으며 본인은 양심을 걸고 피해자들의 피해 변제에 목적이 있었음을 다시 한번 말씀드리며 오직 제소모 회원들의 유리한 피해협상을 위해 대표 한 사람의 탄원서 1장이 가치있게 던져졌으며, 한 점 부끄러움 없으며 그 내용은 7월 중순 밝히기로 한 바있습니다.

우리 고소인들이 고소한 목적은 피해변제이며 피해보상이 제일 우선입니다. 그동안 엄청난 피해를 입고 생을 포기하고 싶었던 많은 피해자들이 제소모에 한가닥 희망을 걸고 대표들을 믿고 꿋꿋하게 따라온 점을 잊지 않고 있으며 지금도 민형사상의 보상을 위해 최선의 노력과 협상을 계속하고 있으며 보상이 이루어지는 그날까지 본인은 여러분과 함께 할 것입니다.

본인은 지금이라도 피해자들의 이 엄청난 피해에 대한 근본적인 피해 보상 대책을 검찰과 국가, 언론 등에서 2007. 6. 21. 선고 전까지 신속히 세워서 꼭 해결해 줄 것을 피해자들의 피맺힌 절규를 통하여 간절히 바라는 바입니다.


　　　　　　　　　　　　　　　　　　　　　　2007. 6. 17.

　　　　　　　　　　　　　　　제소모 대표　은 현 수


DAUM카페 주수도은닉재산찾기운동본부 – 주수도 탄원서를 쓴 진정한 이유

# 부록2

월간조선 인터뷰 전문

# 2009년 7월호 월간조선 인터뷰 전문

**Daily**
**월간조선** 뉴스룸

2009년 7월호

수감 중인 朱水道 JU그룹 회장의 폭로

## "허위 보고서 만들어 나를 죽이려 한 세력들이 연이어 인사·납품 청탁"

김남성

- ⊙ "金萬福 당시 국정원 기조실장, 親盧 실세 측근 인사를 JU에 취직시켜 달라 요청"
- ⊙ "鄭相文, 廉東淵씨는 납품업자 소개"하며 'JU에 물건 납품할 수 있도록 해달라' 요구

다단계업체 JU그룹 회원들이 2006년 6월 27일 서울동부지검 앞에서 영업재개를 요구하며 농성을 벌이고 있다.

月刊朝鮮 6월호가 발간된 다음날인 5월 18일, 다단계 사기혐의로 12년형을 선고받고 서울구치소에 수감 중인 JU그룹 회장 朱水道(주수도·53)씨가 "盧武鉉(노무현) 정권 실세들이 '바다 이야기'라는 초대형 권력형 비리를 덮기 위해 국정원, 검찰 등을 동원, JU와 나를 희생양으로 삼았다"며 노무현 정권 실세들과 국정원 전·현직 간부들을 대검찰청에 고발했다.

지난 5월 말 주수도씨 변호인 측을 통해 주씨에 대한 면회를 신청해 달라고 요청했다. 주씨가 지난 5월 18일 鄭相文(정상문·63) 전 청와대 총무비서관 등 9명을 고발한 이후, 피고발인 등이 어떤 반응을 보였는지 궁금했기 때문이다. 하지만 주씨의 면회는 거절됐다. 서울구치소 측은 주씨의 변호인을 통해 "月刊朝鮮에 주수도씨의 인터뷰 기사가 실린 후, 기자와 접촉을 금지하라는 지시가 있었다"고 했다.

주수도씨 변호인을 만난 며칠 후, 주씨가 필자에게 편지를 보냈다. 주씨의 편지는 모두 세 장으로, JU그룹 회장이던 2005년 당시 국정원 최고위층과 정권 실세 등 모두 3명으로부터 받은 로비와 청탁 내용을 폭로하는 내용이었다. 주수도씨가 보낸 편지는 이렇게 시작됐다.

"2004년 6월부터 2005년까지 국정원은 저를 죽이기 위해 'JU 보고서'라는 허위 문건을 만들었습니다. 이 문건을 청와대에 보고하고 검찰에 보내 수사를 의뢰했습니다. 국정원 한쪽에서는 저를 죽이기 위한 공작이 한창이었는데, 다른 한쪽에서는 제게 인사청탁을 해왔습니다."

주수도씨의 변호인은 "주 회장이 JU그룹 사건으로 재판을 받는 동안에도 이 사실을 외부에 말하지

2009년 7월호

수감 중인 朱水道 JU그룹 회장의 폭로

# "허위 보고서 만들어 나를 죽이려 한 세력들이 연이어 인사·납품 청탁"

김남성

> ◎ "金萬福 당시 국정원 기조실장, 親盧 실세 측근 인사를 JU에 취직시켜 달라 요청"
>
> ◎ "鄭相文, 廉東淵는 납품업자소개"하며 'JU에 물건 납품할수 있도록 해달라' 요구

月刊朝鮮 6월호가 발간된 다음날인 5월 18일, 다단계 사기 혐의로 12년형을 선고받고 서울구치소에 수감 중인 JU그룹 회장 朱水道(주수도·53)씨가 "盧武鉉(노무현) 정권 실세들이 '바다이야기'라는 초대형 권력형 비리를 덮기 위해 국정원, 검찰 등을 동원, JU와 나를 희생양으로삼 았다"며 노무현 정권 실세들과 국정원 전·현직 간부들을 대검찰청에 고발했다.

지난 5월 말 주수도씨 변호인 측을 통해 주씨에 대한 면회를 신청해 달라고 요청했다. 주씨가 지난 5월 18일 鄭相文(정상

문·63) 전 청와대총무비서관 등 9명을 고발한 이후, 피고발인 등이 어떤 반응을 보였는지 궁금했기 때문이다. 하지만 주씨의 면회는 거절됐다. 서울구치소 측은 주씨의 변호인을 통해 月刊朝鮮에 주수도씨의 인터뷰 기사가 실린 후, 기자와 접촉을 금지하라는 지시가 있었다"고 했다.

주수도씨 변호인을 만난 며칠 후, 주씨가 필자에게 편지를 보냈다. 주씨의 편지는 모두 세 장으로, JU그룹 회장이던 2005년 당시 국정원 최고위층과 정권 실세 등 모두 3명으로부터 받은 로비와 청탁 내용을 폭로하는 내용이었다. 주수도씨가 보낸 편지는 이렇게 시작됐다.

"2004년 6월부터 2005년까지 국정원은 저를 죽이기 위해 'JU 보고서'라는 허위 문건을 만들었습니다. 이 문건을 청와대에 보고하고 검찰에 보내 수사를 의뢰했습니다. 국정원 한쪽에서는 저를 죽이기 위한 공작이 한창이었는데 다른 한쪽에서는 제게 인사청탁을 해왔습니다."

주수도씨의 변호인은 "주 회장이 JU그룹 사건으로 재판을 받는 동안에도이 사실을 외부에 말하지 않았다"고 했다 "재판이 끝나고 이미 잊힌 사건을 지금 공개하는 이유가 뭐냐"고 묻자 그는 이렇게 얘기했다.

"얼마 전 법원에서 국정원의 'JU 보고서' 작성과 유포가 위법이라는 판결이 나왔습니다. 주 회장은 이번 판결로 지난 정권 시절 국정원의 활동이 얼마나 잘못됐는지를 알리고 싶어합니다. 또 국정원이 잘못된 정보수집활동을 하도록 종용한 노무현 정권 실세들의 위선을 우리 사회가 알았으면 합니다"

## "국정원의 국내 기업 비리 정보 수집은 위법"

지난 5월 29일 서울중앙지법 민사합의 35부(재판장 문영화)는 "국정원이 불법 수집한 비리 정보와 보고서가 허위로 작성, 유출돼 피해를 입었다"며 주수도 JU그룹 회장이 낸 손해배상청구소송에서 원고 일부 승소 판결을 내렸다.

재판부는 "기업 비리에 관한 정보 수집은 수사기관의 역할로, 국정원의 직무 범위에 속한다고 보기 어렵다"며 "국정원의 활동을 통해 원고 주수도와 JU그룹의 명예가 훼손된 부분이 있다면 국가는 이에 대해 손해를 배상해야 한다"고 밝혔다. 재판부는 "국가가 원고 주수도와 JU그룹에 4000만원을 배상하라"고 판결했다.

이날 판결문에 따르면, 국정원은 지난 2004년 6월 '부패 척결 태스크포스팀(TF)'에서 JU와 주수도 회장에 대한 비리 정보를 모으기 시작, 이 정보를 바탕으로 속칭 'JU 보고서'를 작성했다.

이 보고서는 JU그룹의 부당이득, 비자금 조성 후 해외 밀반출 의혹, 정·관계 인사를 대상으로 광범위하게 금품을 살포했다는 등의 내용이 담긴 문건과 JU그룹으로부터 뇌물을 받은 정·관계, 법조계 인사들의 리스트(금품 수수액, 날짜, 사유 등 포함) 2매로 구성돼 있다.

JU 보고서는 2005년 1월 청와대에 보고됐고, 2006년 1월 검찰에 이첩됐다. JU그룹 회장인 주수도씨는 당시 金昇圭(김승규·65) 국정원장이 故(고) 盧武鉉 前(전) 대통령 실세들이 개입된 바다이야기 수사를 덮기 위해 JU 보고서 작성, 유출을 지시했다"며 "김 원장이 JU 보고서를 당시 대검 중앙수사부장인 박모씨에게 전달해 JU그룹 수사를 종용했다"고 月刊朝鮮과 인터뷰에서 주장했다(月刊朝鮮 2009년 6월호 '주수도 JU그룹 회장 獄中 인터뷰' 참조)

이에 대해 JU그룹과 주씨는 "국정원이 법에서 정하고 있는 업무 범위인 국외 정보와 국내 보안정보 수집을 넘어서 위법한 정보활동을 하고 있다"며 불법적인 정보수집 활동으로 허위사실이 보도되면서 명예를 훼손당했다"며 소송을 냈다.

국정원은 JU그룹과 주씨의 주장에 대해 "현재의 국가안보 개념은 과거 국방과 외교에 한정된 것이 아닌 경제·통상·환경 등 사회 전 분야를 포괄하는 개념으로 변화됐다"면서 "JU그룹 사건은 피해금액이 천문학적인 사건으로 국가 및 사회 전반에 불안을 조성할 수 있어 국정원의 정보수집은 정당하다"고 주장 했다.

## 박연차, "나는 아니야(바다이야기와 관계 없어)"

그러나 법원은 "JU그룹에 대한 정보수집 활동은 국가정보원 법 제3조 1항에 규정된 국정원의 직무 범위로 볼 수 없다"면서 "사건 보고서의 각종 금품 제공 의혹은 과장됐거나 사실이 아 닌 것으로 밝혀져, JU 관련 정보수집 활동이 사회에 이익이 된 다는 국정원의 주장은 받아들일 수 없다"고 판결했다.

국정원 측은 이번 판결이 확정되면 앞으로 국정원의 국내 정 보수집 기능이 크게 위축될 것을 우려해 "즉각 항소하겠다"고 밝혔다.

주수도씨 변호인과 나눈 얘기다.

– 이번 판결의 의미는 뭡니까.

"국정원이 의도적으로 허위 보고서를 만들어 유출시킴으로써, JU그룹과 주 회장의 명예를 훼손했다는 것입니다. 국정원은 주 회장과 JU그룹의 다단계 사업과는 상관 없는, 금품수수 및 로비 관련 의혹에 관한 허위보고서를 만들어 언론에 유출하여 회사에 심각한 타격을 줬습니다. 회사가 어려워지자, 다음 단계로 다단계 수사를 진행해서 주 회장과 JU그룹은 수습할 수 없는 지경에 이르렀습니다. 이제까지 주 회장은 단지 다단계 사기의 가해자였지만, 사실은 주 회장도 국정원의 피해자라는 사실을 법원이 밝혀 준 것이라고 봅니다."

– 주 회장은 지난 정권과 국정원이 바다이야기 사건을 덮기 위해 국정원 보고서를 만들었다고 주장하고 있습니다. 법원이 국정원 보고서가 허위, 과장됐다고 인정했지만, 바다이야기 사건을 덮기 위해 보고서를 작성한 것이라고 인정한 건 아니지 않습니까.

"그렇죠. 하지만 저희가 끝까지 바다이야기 진실을 파헤치면, 주 회장의 주장이 사실이라는 걸 우리 사회가 알아줄 겁니다.

- *月刊朝鮮* 6월호에 주 회장 인터뷰 기사가 실린 후, 주 회장이 바다이야기 사건의 몸통이라고 지목한 사람들에게 어떤 반응이 왔습니까.

"주 회장이 서울구치소의 변호인 접견실에서 朴淵次(박연차 64)씨를 봤을 때 *月刊朝鮮* 6월호를 들고 손을 내저으며 '나는 아니야, 나는 아니야'라고 말했다더군요. 또 주 회장이 변호인 접견실에 오는 도중 정상문씨를 만났는데 '잠깐 얘기 좀 하자'고 해서 10여 분 대화를 나눴다고 합니다. 주수도씨는 저쪽(노무현 전 대통령 실세)에서 뭔가 반응이 올거라고 생각했는데, 노무현 전 대통령의 서거로 완전히 묻혔습니다."

## 金萬福 당시 국정원 기조실장과의 만남

앞서 말한 것처럼, 주수도씨는 국정원 최고위층과 정권 실세 등 3명으로부터 받은 로비와 청탁 내용을 폭로하는 편지를 필자에게 보냈다. 필자는 주씨와 몇 차례 편지를 주고받았다. 다음은 주씨와 주고받은 편지내용이다.

- 누가 언제, 어떤 목적으로 주 회장에게 인사청탁을 했습니까.

"金萬福(김만복·63) 前(전) 국정원장이었습니다. 2005년 초가을 무렵, 당시 국정원 기조실장이던 김 전 원장이 케이블TV 방송협회 유모 회장을 통해 연락을 했더군요. JU그룹은 당시 케이블TV인 '생활경제TV'라는 케이블 방송국을 운영하고 있어서 유 회장과는 잘 알고 지냈습니다. 유 회장이 '김만복 국정원 기조실장이 한 번 보자고 연락을 해 왔다'고 하더군요. 저는 국정원 고위간부를 알아두는 것도 좋을 듯해서 약속장소로 나갔습니다."

주수도씨에 따르면 그와 유모 회장, 김만복 당시 국정원 기조실장이 만난 곳은 강남구 역삼동에 있는 고급 한정식집(일종의 요정)으로, 저녁식사 겸 술을 마셨다. 당시 술자리에서 김만복 전 국정원장은 별 말이 없었다고 한다. 저녁식사 자리가 끝나고 주씨가 계산을 하려고 하자, 김만복 당시 기조실장의 수행비서가 이미 계산을 끝냈다고 했다. 다시 주수도씨의 얘기다.

"제 비서에게 물어 보니 식사비가 200만원이 넘게 나왔더군요. 사업하면서 정부 고위관리에게 그렇게 비싼 저녁을 처음 얻어먹어 봤습니다. 조금 의아했지만, '나한테 저녁식사 대접받는 게 부담스러운가 보다' 이렇게 생각했습니다. 그런데 며칠 후 김만복씨가 인편으로 이력서 한 통을 보내왔더군요. 강모라는 사람인데, 별로 채용하고 싶지 않아서 계속 미뤄뒀습니다. 3개월 후쯤 김 전 원장을 소개했던 유모 회장이 '강씨를 채용해 달라'는 독촉전화를 해왔습니다.

그때야 강모씨를 불러 '그동안 어디서 일했느냐'고 물어 보니 '親盧 실세 인사밑에서 일을 했다'고 하더군요. 김 전 원장이 왜 인사청탁을 했는지 알 것 같아서, 별 말 없이 JU그룹 민원·감사실 차장으로 채용했습니다.

– 강씨가 JU그룹에서 오래 일했나요.

"아닙니다. 취직한 지 사흘 만에 사표를 냈어요. '왜 사표를 내느냐'고 하자, '원래 하던 일을 하겠다'고 하더군요."

## "정상문 前 비서관도 납품 청탁해 와"

주씨의 주장을 확인하기 위해 김만복 전 국정원장과 유모 전 케이블 방송협회 회장에게 연락을 했다. 김 전 국정원장은 知人 (지인)을 통해 "기자와 통화할 이유가 없다"며 인터뷰를 거부했다. 유 전 회장은 "주수도씨와는 2005년 한 차례 점심식사를 했을 뿐"이라며 "김만복 전 국정원장과 저녁을 함께한 사실도, 그를 대신해 인사청탁 전화를 한 사실도 없다'고 말했다.

– 김만복 전 국정원장 외에 주 회장에게 청탁을 해 온 노무현 정권
  실세는 또 누굽니까.

"정상문 전 청와대 총무비서관입니다. 제가 바다이야기 사
건의 핵심이라고 판단해, 지난 5월 18일 대검에 고발한 9명 가
운데 한 명입니다. 2005년에 두 차례 정상문 전 비서관을 광화
문 근처 고급 한 정식집에서 만났습니다."

– 정상문 전 비서관과는 평소에 친분이 있었나요.

"그렇지는 않습니다. 정 전 비서관을 만나게 된 건 과거 청와
대 경호과장 출신인 김모씨가 자리를 만들었기 때문입니다. 김
씨는 청와대 경호실을 떠난 후 건강보조식품회사를 경영했는
데, JU그룹에 자신의 회사가 만든 건강식품을 납품하고 싶어했
습니다. 김씨는 납품청탁을 하기 위해 같은 김해 출신인 정상문
전 비서관를 제게 소개한 겁니다. 정 전 비서관의 얼굴을 봐서
김씨 회사의 건강식품 JU그룹에 납품할수 있도록 했습니다. 정
전 비서관과는 이때부터 안면을 트고 지냈습니다."

주수도씨는 그날 술값도 정상문 전 총무비서관 측이 냈다고

했다. 정상문 전 비서관의 변호인은 주 씨의 주장에 대해 '사실 여부를 확인해줄 수 없다'고 말했다.

## 廉東淵 전 위원도 납품 청탁

필자는 주수도씨에게 정상문 전 총무비서관과 어떤 이야기를 나눴는지 그의 변호사를 통해 여러 차례 물어봤지만, 주씨는 말하지 않았다. 주씨가 필자에게 밝힌 마지막 청탁자는 廉東淵(염동연·63) 전 열린우리당 사무총장이었다. 주수도씨의 주장이다.

"염동연 전 의원은 2005년 JU그룹 사무실 근처에 와서 우리 회사 임원을 통해 점심을 사겠다고 했습니다. 저는 당시 그가 전화해도 일부러 만나러 가지 않았습니다.

─ 염 전 의원은 열린우리당 사무총장을 역임하는 등 상당한 실세로 알려졌는데 왜 만나지 않았습니까.

"염 전 의원이 제게 납품청탁을 할 거라는 걸 알았어요. JU 그룹에 물건을 납품하겠다는 사람이 많았기 때문에 부담이 됐습니다. 그래서 한때 모른 척했죠. 하지만 몇 번 청탁을 해 와서 회사 임원에게 염 전 의원이 추천한 미용기구를 구입하도록 지시했습니다."

이 때문에 염동연 전 의원은, JU 사건으로 문제가 됐을 때, 서울중앙지검 특수 1부에서 '강요죄'로 기소됐지만 1·2심 재판부에서 무죄 선고를 받았다. 대법원에서도 무죄가 확정됐다.

염동연 전 의원은 노무현 전 대통령의 자살 무렵, 측근들과 함께 중국에 머무르고 있었다. 염 전 의원의 입장을 듣고 싶었지만 연락이 닿지 않았다.

# 부록3

---

이종근 검사의 제이유에 대한
치밀하고 악의적인 기소는
어떤 방식으로 이루어졌나

# 이종근 검사의 제이유에 대한 치밀하고 악의적인 기소는 어떤 방식으로 이루어졌나.

────

**I. 제이유사건은 당시 분리할 수 없는 두 개의 매출을 의도적으로 분리하여 하나의 매출만 기소하였던 사건입니다.**

**– TNM 매출의 고의적인 기소누락 및 기소되지 않은 매출에 대한 증거의 사용**

1. JU 네트워크 사건의 매출은 크게 두 가지로 나누어졌습니다. 첫 번째는 '약 900여가지 JU 네트워크 전용상품매출(방문판매 및 제이유백화점에서의 전용상품매출로 이루어짐)(이하 '전용상품매출'이라고 합니다)'이고, 나머지 하나는 **'TNM (Total Network Marketing) 매출'**로서, JU전용상품 외에 제이유 백화점, 제이유 마트, 제이유 편의점과 2300개의 가맹점(음식점, 옷가게, 꽃가게, 미용실, 피부관리샵, 목욕탕 등 실생활과 밀접한 연관이 있는 매출)에서 발생하는 매출입니다.

2. 전용상품매출과 TNM 매출은 **하나의 마케팅 기법에 의하여**

**동일한 시기, 동일한 회사에 대하여, 동일한 회원들이 일으킨 매출로서 '소비생활점수'를 발생시키고 공유수당 지급의 재원이 된다는 점에서 기소 및 재판 당시 분리될 필요도, 분리될 수도 없는 매출**이었습니다. 그러나 검사의 자의적인 판단에 의하여, 약 5천억 원에 이르는 생필품관련 TNM매출은 사기죄가 되지 않는다는 이유로 기소 대상에서 제외되었습니다. 비유하자면 TNM 매출과 전용상품매출은 하나의 마케팅을 받치고 있는 두 개의 기둥인데, TNM 매출에 대한 부분이 범죄사실에서 빠짐에 따라 JU네트워크의 마케팅과 전체 매출구조는 기둥 하나가 없어진 불완전한 모습이 되어버렸던 것입니다.

동일한 마케팅에 따라 동일한 당사자 간 동일한 기간에 이루어진 거래인 경우 그 중 어느 한 기간의 거래에만 편취의 의사가 있다고 인정하기 위해서는 그렇게 볼 만한 **'특별한 사정'**이 있어야 한다는 것이 우리 대법원의 입장입니다(대법원 2008. 2. 28.선고 2007도10416판결, 1996. 1. 23. 선고 95도2656판결).

전용상품매출과 TNM 매출은 모두 소비생활점수를 발생시키고 공유수당 지급의 재원이 되며, 동일한 마케팅에 의하여 동일한 기간, 동일한 회원에 의해 발생한 매출이므로, 둘 중 하나의 거래에 대해서만 '사기죄'가 성립하는 '편취의 의사'가 있는지 여부를 판단하기 위해서는 대법원 판례에 적힌 '특별한 사정'이 있었어야만 가능한 것이지만, 당시 JU사건에서는 두 매출을 분리할 '특별한 사정'이 존재하지 않았음에도 불구하고 오로지 검사의 자의적인 기소에 의해 전용상품매출에 대해서만 기소가 이루어졌고(당시 담당검사는 JU의 TNM 매출은 사기죄가 되지 않는다고 판단하였습니다), 재판 역시 이러한 부분에 대한 별다른 판단 없이 기소된 부분에 대해서만 판단이 이루어지게 되었습니다.

3. 그렇다면, TNM 매출과 전용상품매출이 분리되어 기소되면 어떤 결과가 발생하게 되는 것일까요?

앞서 언급한 것과 같이, JU네트워크의 두 가지 매출은 똑같은 하나의 마케팅방법으로 발생한 매출이었습니다. 당연히 매출구조에 대한 설명 역시 전용상품매출에 대한 것과 TNM 매출에 대한 설명이 섞일 수밖에 없습니다. 그렇다면 상식적으로, 백번 양보하여 검사가 TNM 매출에 대해서 기소하지 않기로 결정하였다면, 마케팅 방법에 대한 증거를 재판에 제출할 때 전용상품매출과 TNM 매출에 대한 설명은 분리하였어야 하는 것입니다. TNM 매출이 기소되지 않았기 때문에, 피고인들은 TNM 매출에 대한 부분까지 챙겨 변호할 수가 없기 때문입니다. 그러나 검사는 TNM 매출에 대해서는 기소하지 않았음에도 불구하고, 대부분의 설명이 TNM 매출과 관련된 마케팅 녹취록 부분을 전용상품매출 부분에 대한 사기죄의 증거로 제출하였고, 법원은 해당 증거를 전용상품매출에 대한 유죄의 증거로서 채택하는 오류를 범하였습니다.

법원에서 전용상품매출에 대한 '기망적' 마케팅의 증거라고 인정한 부분 중 TNM 매출에 관련된 부분은 다음과 같습니다.

### 1. 지구가 멸망하지 않는 한 (TNM) 매출은 멈출 수 없다.

① JU네트워크와 JU백화점에서는 공식적으로 '회사는 매출이 안정적이고 지속적으로 발생할 수 있도록 노력하고 있으며 회사가 망하거나 천재지변이 일어나기 전에는 생필품의 소비가 안 될 수는 없어, <u>지구가 멸망하지 않는 한 매출은 멈출 수 없다</u>는 취지로 강조해 온 점(서울동부지

방법원 2012재고합2 판결문 42쪽)

당시 검사는 '지구가 멸망하지 않는 한 매출은 멈출 수 없다.'
라고 설명한 부분을 이 사건에 대한 가장 핵심적인 기망행위
라고 주장하였습니다. 그러나 위 설명은 지속적, 반복적 구매
가 이루어질 수 밖에 없는 생필품 매출, 즉 TNM 매출에 대해
강조하며 설명한 부분이었고, 전용상품매출에 대한 설명이 아
니었습니다.

## 2. (전용상품매출)에서의 짜투리 매출 등에 대해서는 (TNM) 매출까지 합쳐...

④ 총 매출액 대비 이 짜투리 매출이 미달과 초과되는 매출
이 전체 매출의 70~80%를 차지합니다. 이거는 아직까지
달성을 안 했으니까 수당이 안나가는 겁니다. 그러나 달
성된 점수에 대해서는 이 매출까지 합쳐갖고 수당을 지
급을 한다...그래서 3만명 이상의 소비자군단이 있어야
한다. 수당을 안 받는 매출이 미달과 초과되는 매출이 전
체 매출액의 70~80%가 매일 발생합니다... 그러니까 **이
매출은 인류가 멸망하기 전에는 계속 있는 것이다**'라고
기재되어 있는 점(판결 43쪽 및 56쪽)

2번 설명 역시 마찬가지입니다. 위 설명을 이해하기 위해서는

수당조건과 수당재원을 이해해야 합니다. 당시 JU네트워크에는 '수당조건'과 '수당재원'이라는 개념이 있었습니다. '수당조건'이란 수당을 받기 위해 필요한 점수를 이야기합니다. 120만PV를 달성하면 1점이 부여되고, 240만 PV를 달성하면 또 1점을 받아 총 2점의 점수가 발생하고, 회원은 해당 점수에 맞는 수당을 받을 수 있었습니다. '수당재원'이란, 모든 회원이 달성한 PV가 기준 매출을 이야기합니다. 1점에 대한 수당은 매일 다르게 정해지는데, 모든 회원이 달성한 PV가 매출을 총 점수(수당을 받을 수 있는 조건을 달성하여 부여받은 점수의 합계)로 나누어 수당금액이 결정되었습니다. 위의 설명에서 언급된 '미달과 초과되는 매출'이란, 수당조건은 달성하지 못했지만 수당재원에는 포함되는 나머지 매출(150만 PV를 달성한 경우, 1점이 부과되는 120만 PV를 제외한 나머지 30만 PV)을 말하는 것이었으며, 이러한 짜투리매출이 TNM매출과 전용상품매출의 70-80%를 차지한다는 설명이었습니다. 수당이 계산되는 모든 매출은 합산되어 계산되는 구조였으니 당연히 TNM 매출에 대한 설명이 포함되었던 것이고, 따라서 지속적, 반복적 구매가 이루어지는 TNM 매출을 설명하며 '인류가 멸망하기 전에는 계속 발생한다.'라고 설명하였던 것입니다.

## 3. 생활비 사용을 통한 소비생활점수의 달성 - TNM을 통한 생필품 구매가 전제

⑤ 매달 200만 원 정도 생활비만 계속 쓰면 수당이 가장 적게 나갔을 때를 기준으로 해도 처음에는 한 달에 10만원, 11개월 되면 한 달에 50만 원, 31개월 되면 한 달에 1백만 원, 3년쯤 가면 한 달에 2백만 원, 7,8년쯤 가면 1천만 원 받아갖고 2백만 원 쓰고, 나이 80되면 2천만 원 받아갖고 2백만 원 쓰는 무서운 마케팅...소비생활2는 27점부터인데, 27점부터는 수당이 10배쯤 더 나온다. 똑같은 1점인데도. 누적점수가 소멸점수보다 많아질 때 이 마케팅은 성공을 못할 것이라는게 일반적인 논리이다. 이걸 드디어 5년만인 2005. 4. 18. 드디어 100점이 오늘 늘어나면 소멸이 120점 되는 방법을 찾아낸 것이다. 그래서 이제 마케팅이 완성이 된 겁니다.' 라고 기재되어 있는 점 (판결 43쪽)

위 설명에 대한 부연설명을 하자면 다음과 같습니다. 매달 200만원 정도의 생활비를 쓴다는 것은 앞서 본 피고인이 한 다른 설명에 비추어 볼 때, 200만 원으로 1점을 달성한다는 의미가 아닙니다. 1점을 달성하는 것은 당연히 어떤 상품을 선택하느냐에 따라 1개월이 걸릴 수도 있고, 3개월이 걸릴 수도 있습니다. 한달에 10만 원이라는 부분은, 소비생활점수 1점을 달성한 이후 수당이 발생하는 경우를 설명하기 위해 '10만원'이라는 예시를 든 것입니다. 따라서 11개월이 되면 한 달에

50만 원이라는 것은 약 2200만원(11개월 X 월 200만 원)의 생활비를 사용하게 되면 소비생활점수 5점 정도를 달성하게 되어 월 50만원(월 10만 원의 수당을 전제)의 수당을 지급받을 수 있다는 것이었고, 31개월이 되면 한 달에 1백만 원 이라는 것 역시 6200만원(31개월 X 월 200만원)을 생활비로 사용하면 소비생활점수 10점 정도를 달성하게 된다는 의미입니다.

이처럼 '생활비를 사용함으로서 소비생활점수가 달성된다.'라는 설명은, 지속적이고 반복적으로 매출이 이루어지는 TNM을 통한 생필품 구매를 전제를 한 것으로서 당연히 TNM 매출에 대한 설명에 해당하는 것입니다.

⑧ (중략) 상품의 유명브랜드화 하는 방법 등의 마케팅에 의하여 (판결 44쪽)

(중략) 플러스알파 마케팅 : 소비생활점수로 제품을 구입할 수 있게 함으로써 점수를 소멸시키는 것, 일단 장뇌삼, 양복, 상품권 등을 대상으로 시행하고, (판결 45쪽)

본인이 쌓은 소비생활점수로 제품을 구입할 수 있게 하여 장뇌삼, 양복, 상품권 등을 살 수 있게 한다는 말 역시 TNM을 통한 제품의 예시를 든 것이었습니다.

**4.** 그렇다면 주수도와 주수도의 변호인단은 왜 2006년 1심 재판 때부터 의도적인 TNM 매출 기소누락 및 잘못된 증거에 대해 지금과 같은 주장을 하지 못하였을까 궁금해집니다.

1) 2006년 당시 변호인단은, 앞서 언급했던 하나의 마케팅에 기한 별개의 매출에 대한 분리기소와 관련된 대법원 판례(95도2656)를 찾지 못했고 이로 인해 TNM 매출에 대한 기소가 누락된 것에 대하여 "약 5천억 원이 넘는 기초생필품의 TNM 매출까지 차마 검사가 공소제기 할 수는 없었는가보다."라고 할 수 밖에 없었습니다. 주수도 역시 당시 폭풍같이 몰아치는 재판을 대비하기 위하여 일단 공소제기 된 부분에만 집중할 수 밖에 없었고, 구속되어 있는 상태였으므로 판례를 찾아볼 수도 없는 상황이었기에 적절한 대응전략을 세우기가 어려운 상황이었습니다.

2) 2006년으로부터 8년이 지난 2013년, JU사건에 대한 재심 1심 재판이 열리기 직전 재판을 준비하던 주수도는 문득 '검사에게 속았다. TNM 매출까지 포함하여 사기죄가 되는지 여부를 판단했어야 했다.'라는 생각이 들었고, 즉

시 변호인을 만나 자신의 생각을 설명하였습니다. 주수도의 얘기를 들은 재심 담당 변호인은, "매우 중요한 사실이다. 이것은 명백한 공소권 남용이다."라고 하며 검사의 자의적 기소에 대하여 '공소권 남용'을 주장한 변론요지서를 제출하였습니다. 그러나 당시 변호인과 주수도는 한 가지 중요한 사실을 간과하였습니다. 검찰의 공소권 남용에 대한 주장은 법원의 거의 받아들이지 않는다는 것입니다. 최근까지도 법원에서 검찰의 공소권 남용에 대한 주장을 받아들인 것은 2021. 10. 14. 서울시 공무원 간첩사건 단 1건에 불과할 정도로, 현재 대한민국 사법부는 검찰의 공소제기에 대한 재량을 지나치게 폭 넓게 인정하고 있습니다.

**[재심 재판 당시 주수도의 변호인이 제출하였던 항소이유서 내용 중 "공소권 남용"에 대한 부분 일부 발췌]**

## III. TNM과 자의적 공소제기

### 1. JU네트워크의 마케팅에서 TNM이 차지하는 의미

JU네트워크의 마케팅플랜은 종적 조직의 마케팅에 횡적 조직의 공유마케팅을 결합한 유니온마케팅입니다. 피고인이 고안한 횡적 조직을 통한 공유마케팅이 효과를 발휘하려면, 판매원들의 소비생활이 JU네트워크 안에서 이루어지도록 하여 그 안에서 발생하는 매출을 판매원들에게 공유수당으로 지급해야 하므로, 네트워크 안에서 지속적인 소비생활과 매출이 이어질 수 있도록 하는 여건이 갖추어져야 합니다.

피고인은 그와 같은 여건을 갖추려면,
① 매출이 끊임없이 일어날 수 있는 다양한 생필품으로 구성된 제품군
② 생필품 매출을 지속시킬 수 있는 3만 명 이상 다수의 소비자
③ 판매원들이 언제 어디서든 생필품 등을 구입할 수 있는 많은 수의 온·오프라인 매장의 구축
이 필요하다고 판단하였습니다.

한편 상품의 판매 또는 용역의 제공을 위탁하는 행위를 금지하던 구 방문판매등에 관한 법률(2002. 3. 20. 법률 제6688호로 전부 개정되기 전의 것) 제45조 제2항 제2호가 2002. 3. 20. 법률개정으로 삭제되면서 다단계판매업체가 직접 판매하지 않더라도 백화점, 마트, 가맹점, 온라인 등을 통하여 다단계판매원들에게 그 업체들의 물건을 판매하고 그에 따른 수당을 지급할 수 있게 되었습니다.|

이에 피고인은 거대한 자금을 투입하여 유통인프라(TNM, Total Network Marketing)를 구축하기 시작하였고, 그 결과 JU네트워크는 오프라인 매장으로 JU백화점, 2,000여개에 달하는 다양한 업종의 가맹점, 전국의 13개 JU마트와 160개의 JU25마트, 온라인 매장과 JU 택배 및 군포, 곤지암, 청양 등의 대형물류센터까지 구축하였습니다.

JU네트워크는 2005년도에 12.경에 영업을 하지 못하였음에도 약 2조 3,279억 원의 매출을 기록하였고(재심 전 1심 왕승환에 대한 증인신문조서), 그 중 TNM 매출을 제외하고 공소제기된 금액인 1조 8,441억 원을 제외하면 TNM 매출의 금액은 4,838억 원이므로, TNM 매출이 전체 매출액에서 차지

하는 비중은 20%가 넘습니다.[1] 이처럼 TNM 매출이 증가하고 매출이 지속적으로 유지됨으로써 JU네트워크 전용 상품의 PV가는 점차 낮추어갈 수 있게 되었습니다.

JU네트워크에서 TNM이 제대로 작동하고 있던 사실은 JU25마트의 예를 통해서도 알 수 있습니다. TNM의 한 형태인 JU25마트는 편의점으로서 최종적으로 160개 점포가 개점되었는데, 재심 전 1심에서 검찰측 증인이었던 김연호는 101호점을 개점하여 운영하였고, 점포를 개점할 때 시설비 7,000만 원은 본인의 PV를 차감하는 것으로 대체하였습니다(증 제90호증). JU25마트에서 취급하는 제품들은 품질이 좋고 가격이 저렴하여 마트운영이 잘 되었고, 김연호의 경우는 JU25마트에서 할인혜택을 주는 방법으로 DD 회원의 가입을 받음으로써 조직도 구축할 수 있었습니다.

---

1) 원심 중인 이기상은 JU네트워크에서 활동할 때 피고인의 사업설명 내용을 화상으로 보면서 중요한 내용을 중인의 다이어리에 매일 메모하였고, 그 메모들 검사가 재심 전 재판에서 증거로 제출하였는데, 그 메모 중 2005. 6. 25.의 내용(수사기록 1680면)을 보면, 2005. 6. 25. 매출은, 마트(백화점을 포함한 것입니다) 39억 4,700만 원, 가맹점 13억 2,700만 원, 장터 3억 1,300만 원, 독점(네트워크 전용 상품) 150억 8,700만 원으로서 합계 210억 1,700만 원인데, 그 중 네트워크 전용 상품을 제외한 TNM 매출(마트, 가맹점, 장터)은 합계 59억 7,100만 원이므로 전체 매출의 30%에 육박하는 수준이었습니다.

## 2. 이 사건 공소사실과 TNM

위에서 본 바와 같이 TNM과 이를 통한 매출은 JU네트워크의 핵심적인 부분이고 이를 분리하고서 JU네트워크의 마케팅의 성격을 이해하고 그 적법성을 논할 수는 없습니다. 그럼에도 검사는 이 사건에서 TNM 매출을 제외하고 나머지 매출에 대하여만 공소를 제기하였습니다. 검사가 공소사실에 TNM 매출을 제외한 이유는 명백합니다. 바로 TNM을 통한 매출에 대하여는 검사로서도 도저히 기망행위 또는 어떤 위법성을 주장할 수 없었기 때문입니다.

TNM과 이를 통한 마케팅은 JU네트워크 마케팅에 유기적으로 연결되어 있어서 이를 분리할 수 없는 것인데도, 검사는 이를 분리함으로써 JU네트워크 마케팅의 본질을 변질시켰습니다. JU네트워크의 마케팅이 적법하고 효율적으로 작동할 수 있게 만드는 TNM을 제외시킴으로써, 검사가 의도한 대로 이 사건 공소사실에서 JU네트워크의 마케팅은 종래의 불법적인 다단계판매회사의 마케팅과 차별화되기 어렵게 되었습니다.

결국 JU네트워크의 핵심적인 내용으로서 분리할 수 없는 TNM 부분을 분리하고 나머지 부분만을 공소사실에 포함시킨 이 사건 공소제기는 검사가 자의적으로 공소권을 행사하여

JU네트워크의 본질을 변질시키고 피고인에게 실질적인 불이익을 줌으로써 소추재량권을 현저히 일탈한 경우에 해당합니다. 또한 위법성을 도저히 찾지 못한 TNM 부분을 분리하여 제외한 것은 JU네트워크의 마케팅의 본질을 변질시켜 사기적 마케팅으로 보이게 함으로써 공소사실을 인정받으려는 검사의 의도에서 비롯된 것입니다.

나아가 검사는 JU네트워크의 매출액에서는 TNM 매출을 제외하였으면서도, JU네트워크가 지급한 수당액에서는 TNM 매출에 관련된 수당액을 제외하지 않음으로써 매출액 대비 수당의 지급비율이 높게 산정되었고, JU네트워크의 총 누적 점수도 TNM 매출을 제외한 매출액에 비하여 높게 산정되었습니다.

### 3. 자의적 공소제기와 공소권남용

대법원 1999. 12. 10. 선고 99도577 판결은, 검사가 자의적으로 공소권을 행사하여 피고인에게 실질적인 불이익을 줌으로써 소추재량권을 현저히 일탈하였다고 보여지는 경우에 이를 공소권의 남용으로 보아 공소제기의 효력을 부인할 수 있는 것이고, 여기서 자의적인 공소권의 행사라 함은 단순히 직무상의 과실에 의한 것만으로는 부족하고 적어도 미필적이나마 어떤 의도가 있어야 한다고 판시한 바 있습니다. 여기서 "미필적으로 어떤 의도가 있어야 한다."는 의미는, 검사의 적절한 소추권 행사가 용이할 뿐만 아니라 절차적 내지 실체적 정의관념상 요청되고, 그 소추권이 자의적으로 행사됨으로 인하여 피고인에게 실질적 불이익이 초래되리라는 사정을 알았거나 쉽게 알 수 있었음에도 불구하고 부적절한 시기 또는 방법으로 소추권 행사에 나아간 경우를 말한다고 볼 수 있습니다.[2]

## 4. 원심판결이 인정한 기초사실의 오류

원심판결은 JU네트워크와 JU백화점의 마케팅플랜과 영업방식에 관하여 인정한 기초사실을 열거하였는바(판결문 38 내지 40면), 여기에는 중대한 사실오인이 있고 그로 인하여 판결을 영향을 미치게 되었습니다.

대표적인 사실오인을 들자면, 원심판결은, JU네트워크에서는 네트워크 전용상품 외에도 백화점, 마트, JU25마트, 가맹점 등 TNM을 통하여도 판매하였는데, 이러한 가맹점 등을 통해 판매하는 물품들은 회원이 아닌 사람도 구입할 수 있었고,

---

2) 민중기, 공소권 남용의 의의와 판단기준, 대법원판례해설, 통권 제39호(2001년 하반기) (2002년), 법원도서관

가맹점 등을 통해 물품을 판매하면 JU네트워크가 보통 가맹점 매출의 약 5% 정도에 해당하는 수수료를 가맹점으로부터 지급받고, 회원이 가맹점 등을 통해 판매되는 물품을 구입하는 경우에는 보통 판매가의 약 3%(수수료의 60%)이내의 PV를 부여받았다고 판시하였습니다.

그러나 원심의 위와 같은 판시는 TNM 중에서도 백화점, 마트와 가맹점 등이 수수료와 PV에 차이가 있음을 간과한 것입니다. JU네트워크는 JU백화점, 마트로부터는 5%의 수수료를 지급받았지만, 2,000개에 달하는 가맹점으로부터 가맹점에 따라 10%~70%의 수수료를 지급받았고, 온라인매장인 '장터'에서도 20%~80%의 수수료를 지급받았습니다. 판매원들에게 누적되는 PV도 JU백화점, 마트에서는 약 3% 정도였지만, 가맹점에서는 수수료의 50%를 전후하여 PV가를 책정하였고, 온라인매장인 장터에서는 물품에 따라 PV가가 달랐는바, 이러한 사실은 재심 전 1심에서 변호인이 제출한 반증 제2호증을 보면 명확히 알 수 있습니다.

따라서 원심판결의 위 판단은 JU네트워크의 TNM을 제대로 이해하지 못한 것이고, 그로 인하여 TNM의 의미와 역할을 실제보다 축소하는 결과를 낳게 되었습니다.

# 부록4

## 공소장의 잦은 변경

# 공소장의 잦은 변경

———

※ 아래 공소장 변경은 제이유 네트워크 매출에 한하여 이루어졌고, 제이유 백화점의
약 3,000억 원 매출에 대해서는 공소장 변경이 없었음.

## 1. 2006. 8. 2. 주수도에 대하여 JU네트워크 매출 9천 800억 원을 사기 혐의로 기소

### 검찰, 제이유 주수도 회장 기소(종합)

입력 2006.08.02. 오후 3:53

(서울=연합뉴스) 조성미 기자 = 제이유그룹의 불법영업 의혹 등을 수사 중인 서울
동부지검 형사6부(김진모 부장검사)는 2일 이 그룹 주수도(50) 회장을 특정경제
범죄가중처벌법상 사기와 배임, 방문판매법 위반 혐의로 구속기소했다.

검찰에 따르면 주 회장은 "1천만원 이상 물품을 사 에이전트급 회원이 되면 물품
을 200만원 어치 살 때마다 물건과 함께 회사매출액의 35%를 이용해 물건값의
1.5배인 300만원을 지급하겠다"고 다단계 사업자들을 속이는 수법으로 11만명에
게서 9천800억원의 부당이득을 챙긴 혐의(사기)를 받고 있다.

## 2. 2006. 10. 16. 주수도의 기소금액을 JU네크워크 매출 9천 800억 원에서 4조5천240억 원으로 변경

### 제이유 수당 조작해 4조5000억 사기

입력 2006.10.17. 오후 5:27

제이유의 불법영업 의혹을 수사중인 서울동부지검 형사6부(김진모 부장검사)는 16일 '이 회사 전 회장인 주수도씨가 사업자를 대상으로 4조5240억원의 사기를 벌였다'는 내용의 공소장 변경을 재판부에 요청했다. 검찰은 이날 오후 서울동부지법 형사11부(최규홍 부장판사) 심리로 열린 공판에서 "당초 제이유가 조합에 신고한 매출액 9800억원에 대해서만 사기 혐의를 적용했으나 이 회사의 실제 매출액인 4조5240억원으로 사기액수를 변경한다"고 밝혔다. 검찰은 주씨가 수당 비율을 조작했다는 사실도 밝혀냈다.

## 3. 2007. 2. 8. 주수도 기소금액을 JU네트워크의 2003년에서 2005년까지 전체 매출 금액인 4조 5천억 원에서 2003년과 2004년도의 매출액을 제외한 2005년도 매출액 1조 8천억 원으로 변경

**⊘ 연합뉴스**

**"주수도씨 공소 사기액 크게 줄여"**

입력 2007.02.07. 오후 9:41

검찰은 당초 2003년부터 2005년 12월까지 제이유그룹을 운영하면서 11만명으로부터 4조8천억원대의 사기를 저지른 혐의로 주씨를 기소했으나 수당을 통해 돌려받은 3조원을 뺀 1조8천억원에 대해서만 사기 혐의를 적용하는 내용으로 공소장을 변경했다.

※ 기사내용에는 '수당을 통해 돌려 받은 3조원을 뺀 1조 8천억 원에 대해서만 사기 혐의를 적용하는 내용으로 공소장이 변경되었다'라고 기재되어 있으나, 공소금액이 변경된 이유는 수당을 통해 돌려 받은 금액을 제외한 것이 아니라, 2003. 1. 1.부터 2004. 12. 31.까지의 매출액 3조원을 뺀 것이고, 변경된 1조 8천억원은 2005. 1. 1.부터 2005. 12. 2.까지의 매출액에 대하여 '재정적 측면의 사기'로 변경하기 위한 것이었음.

검찰은 3년간 전체 매출에 대한 마케팅 자체가 사기라고 하다가, 2004년 12. 31. 기준 재무제표상 921억원 적자였기 때문에 2005년 1.1부터 매출을 받는 것은 적자상태인 회사로서 수당을 지급할 수 없을수도 있다는 재정적 측면의 사기죄로 공소장이 변경하였음.

공소사실이 변경되었으므로 공소장이 변경되는 순간부터 다단계, 피라미드 사기라는 용어를 사용하면 안되고 변호인단의 변론방향도 완전히 바꾸어야 하는 것인데, 공소장 변경 후 1회 공판기일 만 하고, 2007. 2. 20. 선고해버림 (2.5. 동부지검 녹취록 - 강압수사 녹취록이 kbs에 방영, 동부지검장, 차장검사, 제이유사건 수사검사들 모두 대검감찰부 조사행. 그래서 3월에 잡겠다고 하던 판사가 태도가 바뀌어서 배석판사 인사이동을 이유로 2월 20일에 선고)

공소장을 변경하는 것은 다툼의 전제가 완전히 바뀌는 것이기 때문에, 형사재판에서 피고인의 방어권 행사를 위해서 매우 중요하고, 공소장 변경이 이루어지면 피고인이 충분히 다툴 수 있도록 해야 합니다. 그런데 약 6개월 간 이루어진 1심 재판 내에서도 검찰이 위와 같이 수시로 공소장을 변경하여 무죄주장을 하고 있는 피고인의 방어권을 심각하게 침해하였습니다.

특히 공소장을 변경한다는 것은 검찰 쪽에서 기존의 공소에 논리적 문제가 있다는 점을 인정하는 것이고, 무죄를 주장한 주수도 측에서 검찰의 기소에 대하여 방어를 할 만하면 검찰은 공소장을 수시로 변경하여 주수도와 변호인단을 혼란에 빠뜨렸습니다.

# 주수도

에 대한

## 마타
## 도어들

(흑색선전)

# 부록5

---

서울강남경찰서 작성
서석봉에 대한
피의자신문조서

# 서울강남경찰서 작성
# 서석봉에 대한 피의자신문조서

---

## 피 의 자 신 문 조 서

피 의 자 : 서석봉

위의 사람에 대한 위증 피의사건에 관하여 2010. 10. 6. 09:30 서울강남경
찰서 수사과 경제3팀사무실에서 사법경찰관리 경사 김성복은 사법경찰관
경위 임홍윤을 참여하게 하고, 아래와 같이 피의자임에 틀림없음을 확인하
다.

---

문 : 피의자의 성명, 주민등록번호, 직업, 주거, 등록기준지 등을 말
하십시오.

답 : 성명은 서석봉 ( 徐錫奉 )

---

사법경찰관은 피의사건의 요지를 설명하고 사법경찰관의 신문에 대하여 형사소
송법 제244조의3의 규정에 의하여 진술을 거부할 수 있는 권리 및 변호인의
참여 등 조력을 받을 권리가 있음을 피의자에게 알려주고 이를 행사할 것인지
그 의사를 확인하다.

---

## 진술거부권 및 변호인 조력권 고지 등 확인

1. 귀하는 일체의 진술을 하지 아니하거나 개개의 질문에 대하여 진술을 하지 아니할 수 있습니다.

1. 귀하가 진술을 하지 아니하더라도 불이익을 받지 아니합니다.

1. 귀하가 진술을 거부할 권리를 포기하고 행한 진술은 법정에서 유죄의 증거로 사용될 수 있습니다.

1. 귀하가 신문을 받을 때에는 변호인을 참여하게 하는 등 변호인의 조력을 받을 수 있습니다.

문 : 피의자는 위와 같은 권리들이 있음을 고지받았는가요

답 : 예

문 : 피의자는 진술거부권을 행사할 것인가요

답 : 아니오

문 : 피의자는 변호인의 조력을 받을 권리를 행사할 것인가요

답 : 아니오

이에 사법경찰관은 피의사실에 관하여 다음과 같이 피의자를 신문하다.

문 : 피의자는 이건 고소인 주수도를 알고 있지요.

답 : 네

문 : 주수도와는 어떤 관계인가요.

답 : 제가 근무하던 제이유네트워크의 회장이었습니다.


문 : 피의자는 JU네트워크(주)에서의 직책은 무엇이었는가요.

답 : 최종 매니저 직급이었습니다.


문 : 매니저 직급으로 하는 일은 무엇이었는가요.

답 : 다단계회사아니까 제일 중요한게 파트너 관리하고 본사에
    는 1층부터 7층까지 있었는데 6층이 회장실이고 5층은 회
    사 업무실이고 나머지 층은 각 층에 사업장이었는데 저는
    2층에 교육위원장이었고, 강의도 하고 비전제시도 하고 회
    사에서 내려오는 방침을 전달하는 일을 하였습니다.


문 : 피의자 주수도는 특정범죄가중처벌등에관한법률(사기)등의 혐
    의로 형사재판을 받고 있지요.

답 : 저를 포함하여 사업자들이 고소를 하여 징역 12년의 형을
    받은 것으로 알고 있습니다.


문 : 고소인이 무엇 때문에 형사재판을 받았는가요.

답 : 사업자들을 상대로 사기를 쳤다고 하여 고소 하여 형사재
　　판을 받았습니다.


문 : 진술인은 고소인에 대한 특가법(사기) 사건 관련하여 서울동부
　　지방법원에 증인으로 출석하여 증언한 사실이 있지요.
답 : 네


문 : 언제 어느 법정에서 증언 하였는가요.
답 : 날짜는 기억을 못하고 몇호 법정인지도 기억이 나지 않습
　　니다.


문 : 2006. 10. 16.과 같은달 30, 2회에 걸쳐 증언하였다고 하는데
　　맞는가요.
답 : 맞습니다.


문 : 당시 증언함에 있어 사실대로 증언하겠다고 선서한 사실이 있
　　지요.
답 : 했습니다.

문 : 피의자가 위 법정에서 증언한 내용을 기억하고 있는가요.

답 : 오래되어 기억이 나지 않습니다.

이때 피의자에게 피의자가 2006. 10. 16. 서울동부지방법원 법정에서 증언한 증인신문조서를 열람케하고,

문 : 피의자가 증언한 증인신문조서내용을 읽어보니까 기억이 나는가요.

답 : 네. 기억이 어느 정도 납니다.


문 : 이 증인신문조서는 피의자가 증언한 내용인데 맞는가요.

답 : 네. 맞습니다.


문 : 피의자는 위 법정에서 검사의 판매원들이 1점을 달성하는데 평균 200만원 정도를 사용한 것이 아니라 대부분 700~800만원 내지 1,000만원 이상을 사용하였다고 주장하는 피고인(고소인)들의 주장은 완전히 거짓이요라는 신문에 "1점을 700~800만원 내지 1,000만원 이상을 시용하였다는 판매원은 본적이 없다고 증언한 사실이 있는가요.

답 : 네

문 : 위와 같이 증언한 내용이 사실인가요.

답 : 아닙니다 700-800만원 이상을 사용한 판매원들이 있습니다. 판매원이 9만명 정도 되는데 그게 몇 명의 차이이지 실제는 있습니다.

문 : 그러면 위증을 하였는데 위증한 이유는 무엇인가요.

답 : 네. 위증을 했습니다.

문 : 위와 같이 위증한 이유는 무엇인가요.

답 : 제가 말씀드리기 곤란하지만 당시 담당 검사와 상의를 했다고 보아야지요.

문 : 담당검사와 어떤 상의를 하였다는 것인가요.

답 : 당시 제이유에 대하여 협조를 많이 했는데 당시에는 주수도가 정말 죽일 사람이었기 때문에 검사님이 이렇게 히자고 해서 그렇게 진술하였습니다.

문 : 그러면 위증을 하기로 하였다는 것인가요.

답 : 그때는 위증인지는 몰랐으나 증인출석하기 전에 이렇게 저

렇게 물을테니까 아니다고 하지말고 위와 같이 증언하라고
하여 그렇게 진술하였고 저만 그런게 아니고 다른 증인들
도 같은 내용으로 증언하라고 하였습니다.

문 : 검사가 그와 같이 진술하라고 한 이유는 무엇인가요.

답 : 그 당시에는 주수도가 죽일놈이라고 생각했기 때문에 검사
와 같은 편이라고 생각 했고 당연히 그렇게 해야 된다고 생
각 하였습니다. 그리고 피해자들이 보상받을 수 있는 방법
이 그 방법 밖에 없었다고 생각 하였습니다.

문 : 피의자는 위증의 죄로 처벌을 받을 수 있는데 지금에 와서 그와
같이 진술을 번복하는 이유는 무엇인가요.

답 : 저희들이 아직도 1,700명 정도의 제이유 피해 고소인 모임
이 있는데 2개월에 한번씩 정식 모임을 하고 있습니다. 당
시 저희들이 검사님에게 당한 것을 생각하면 많이 속상해
하고 있습니다. 5년이 지났는데 원망을 하고 있는 데 당시
에는 주수도를 처벌하게 하기 위해서는 그렇게 밖에 할 수
가 없었는데 주수도를 벌주는 것 보다는 주수도로부터 돈
을 받아내기 위해서 그렇게 하였고 검사도 주수도가 2,000

억원이 있으니까 돈을 받아 주겠다고 하여 검사가 교육을
시키는데로 대답을 한 것입니다.


문 : 고소인은 한달에 한두차례 행사를 하는데 그때도 한달에
7-800만원 이상의 생필품으로 1점을 취득한 사람들이 화상회
의에서 공개적으로 발표를 하였다고 하는데 그런 사실이 있는
가요.

답 : 그것은 일본에서 마트를 하고 있는 사람이 한국에 있는 본
사 1층에 있는 마트에서 물건 사가서 일본에서 팔아 포인트
를 쌓는다는 내용의 발표를 한 것은 있습니다.


문 : 고소인은 피의자가 위와 같이 위증한 것은 검사의 공소유지를
뒷받침 해주기 위해서 그런 것이라고 하는데 맞는가요.

답 : 지금 생각하면 객관적으로 보았을 때 공소유지를 위해 한
게 맞지 않나 생각합니다.


문 : 그리고 피의자는 위 법정에서 검사의 촉진2마케팅의 경우 목숨
걸고 2만원 이상의 수당을 틀림없이 지급하겠다라는 피고인 주
수도의 사업설명 내용도 분명히 들었나요라는 신문에 "예"라고
증언한 사실이 있지요.

답 : 네

문 : 고소인이 목숨걸고 2만원 이상의 수당을 틀림없이 지급하겠다고 사업설명을 한 사실이 있는가요.

답 : 그 내용은 기억이 나지 않습니다. 제가 생각하기에는 그 당시 검사가 저에게 무언가 보여주면서 했는거 같은데 정확하게 무엇 때문에 그렇게 답변했는지 기억이 나지 않습니다. 제 생각에는 당시 주수도 관련 테이프가 몇 천개가 있었는데 검사가 녹취해 놓은 테이프가 있다고 한 것이 아닌가 생각 하는데 확실히는 기억나지 않습니다.

문 : 지금 기억이 안난다는 것인가요. 아니면 당시 기억이 나지 않는데 "예"라고 증언한 것인가요.

답 : 당시 저희들이 증인으로 나가기 전 검사가 저희들을 먼저 불러 어떻게 증언을 하여야 하는지 연습을 하였습니다. 그런데 신문내용이 너무 많다 보니까 그냥 예라고 대답을 하라고 하였는데 저는 들은 적은 없습니다.

문 : 그렇다면 피의자가 위증을 한 것이 아닌가요.

답 : 그렇습니다.

문 : 그런 내용을 들은 적이 없는데 들었다고 증언한 이유는 무엇인
가요.

답 : 워낙 문항이 많은데 거의 "예"라고 되어 있는데 제가 무엇
때문에 "예"라고 증언을 하였는지 모르겠습니다.

문 : 고소인은 그런 말을 절대 할 수가 없고 촉진2 마케팅이 앞으로
비전이 있게 잘 운영이 될 수 있도록 정신차려 운영하겠다
고 하였다는데 맞는가요.

답 : 그런 내용도 기억이 나지 않습니다.

문 : 고소인은 판매원들에게 지급되는 수당은 보장의 개념이 아니고
매출에 의하여 수당이 지급되기 때문에 보장을 해준다고 할 수
가 없다는데요.

답 : 네. 맞습니다.

문 : 피의자는 검사의 수익사업 중 하나만 성공하여도 모든 판매원
들의 매출 점수를 전부 소멸시켜줄 수 있는 회사이므로 물품도
주고 고율 수당을 지급하여도 영원히 지속될 수 있는 회사이다

라고 사업설명을 하였지요라는 신문에 "예"라고 증언한 사실이 있지요

답 : 네.


문 : 위와 같은 내용이 사실인가요.

답 : 네. 사실입니다.


문 : 피의자가 위와 같은 내용으로 사업 설명을 하였디는 것인가요.

답 : 네. 했습니다.


문 : 고소인은 고율수당이라는 표현 자체가 없었고 수익사업으로 수당을 준다는 말 자체도 없었다고 하는데 그런가요.

답 : 고율수당이라는 표현을 쓰지 않았고 수익사업으로 수당을 준다는 말은 하지 않았으나 2005년 말경에 서해에 유전이 터진다고 방송이 나오고 난리가 났었는데 서해유전은 주수도씨가 100% 지분을 가지고 있었고 그런 내용을 회사 자체에서 생방송으로 송신을 하였습니다. 그렇다면 고율수당이라는 표현을 쓰거나 이 사업을 하여 수당을 준다는 말은 하지 않았으나 판매원들은 당연히 회사가 이런 사업을 하

고 있으니까 계속 지속이 될 거라고 믿을 수 밖에 없는 것입니다.

문 : 그렇다면 법정에서도 그와 같이 증언을 하면 되는데 고소인이 사업설명을 하였다고 증언한 이유는 무엇인가요.

답 : 검사가 물었을때 예라고 대답할 수밖에 없고 제가 추가로 설명할 시간이 없었습니다. 그러변 변호인 측에서 그와 같은 내용을 다시 물었다면 위와 같이 설명을 하였을 것입니다. 그리고 그 당시에는 주수도는 저희들에게 죽일놈이었고 검사는 저희들에게 구세주였기 때문에 검사말에 절대로 따라서 한 것이고 추가로 설명하고 싶지도 않았습니다.

문 : 그렇다면 위 내용도 위증한 것이라고 판단되는데 어떻게 생각하는가요.

답 : 그게 만약 위증이라면 제가 감수를 해야지요. 지금은 진실을 말히는 것이니까...

문 : 고소인은 수익사업에 대하여 언급한 것은 제이유 전체에 대한 회사 소개 차원에서 말한 것이지 수익사업을 해서 수당을 지급

하겠다고 말한 사실은 없다고 하는데 어떤가요.

답 : 위에서 말한 내용과 같은 맥락인데 당시 제이유에서 한샘
　　도 인수하였고 세신도 인수했는데 그 회사를 인수하여 수
　　당을 주겠다고는 하지 않았습니다. 그런데 판매원들은 판
　　단을 하는 것이고 나쁘게 보면 그런 것을 이용하여 사업자
　　들을 속인 것입니다.


문 : 그리고 수당 지급방법에 대하여는 마케팅플랜 책자에 명확히
　　지급기준이 되어 있다고 하는데 그런가요.

답 : 네 플랜이 다 있습니다. 제이유에서는 플랜이 없는게 없고
　　진짜 복잡한데 일반 기업체 보다 더 복잡 합니다.


문 : 고소인은 수익사업이 있을 때 회원들에게 혜택을 주는 방법으
　　로 마케팅 플랜의 방법 중 플러스 알파마케링이라는게 있는데
　　회원들에게 혜택을 주면서 점수를 소멸 시키는 방식이 있다고
　　하는데 맞는가요.

답 : 맞습니다.


문 : 피의자는 검사의 제이유네트워크에서 판매원들이 판매하는 속
　　칭 네트워크 전용상품은 동종 시중품에 비하여 수배이상 가격

이 비싸다고 생각하고 있지요라는 신문에 "예"라고 증언한 사실이 있지요.

답 : 네.


문 : 실제 시중품에 비하여 수배이상 가격이 비싼게 사실인가요.

답 : 비싼 것도 있고 비싸지 않는 것도 있습니다. 그런데 본사 건물에는 마트도 있는데 일반 마트와 가격이 같기 때문에 다른 다단계 회사에 비하면 훨씬 싼 것입니다.


문 : 그런데 왜 시중품에 비해 비싸다고 증언하였는가요.

답 : 그것은 검사가 그렇게 하라고 하여 예라고 대답하였습니다.


문 : 그리고 검사의 몇배정도 비싸다고 생각하나요라는 신문에 "4-5배 이상 비싸다고 생각합니다"라고 증언하였지요.

답 : 네.


문 : 시중 제품에 비해 가격이 4-5배 정도 비싼게 사실인가요

답 : 제품이 워낙 많으니까 비싼 제품도 있고 비싸지 않은 제품

도 있습니다.

문 : 그런데 4-5배 정도 비싸다고 증언한 이유는 무엇인가요.

답 : 처음에는 검사님이 아홉배 열배 정도로 증언하자고 하였는
데 제가 4-5배 정도 비싸다고 증언하자고 절충하여 그렇게
증언하였는데 제가 위증을 한 것입니다.

문 : 고소인은 다른 동종의 상품보다도 제이유네트웍이 5%이상 더
비싸게 판매 하는 상품을 찾아오면 제품 1개당 1,000만원의 시
상금을 주겠다고 하였고 실제 시상금을 타간 사람도 있었다고
하는데 맞는가요.

답 : 시상금을 주겠다는 말은 들었으나 실제 시상금을 타간 사
람은 보지는 못하였고 타갔다는 말만 들었습니다.

문 : 고소인은 수천가지 상품 중 시중제품보다 비싼 제품은 1년반
동안 7개 품목 밖에 없었고 이 상품을 찾아온 판매원들에게 시
상금을 주었고 그런 내용은 위성방송을 통하여 발표를 하였기
때문에 판매원들이 알고 있고 피의자도 다 아는 사실이라고 하
는데 그런가요.

답 : 시상금을 받아간 사람을 눈으로 보지는 못했으나 타간 사

람이 있다고 들었고 위성으로 방송한 사실도 있습니다.

문 : 그렇다면 피의자는 위 내용에 대하여 위증한 것이 맞네요.
답 : 네.

문 : 그리고 검사의 피브이 값이 높은 건강보조식품, 화장품 등을 구
　　입가격 이상에 재판매한다는 것은 전혀 불가능한 일이지요라는
　　신문에 "예"라고 증언 하였지요.
답 : 네.

문 : 그와 같은 내용이 사실인가요.
답 : 제 입장에서 보았을 때는 어렵디는 것이지 판매원이 9만명
　　이나 되는데 그중에는 재 판매하는 사람은 판매를 하지요.
　　제 입장에서는 재 판매를 할 수 있다 없다고 말할 수는 없
　　습니다.

문 : 그런데 왜 재 판매할수 없다고 증언하였는가요.
답 : 검사가 신문하는 내용에 대하여 그냥 "예"라고 증언하기로
　　하였기 때문에 그렇게 증언한 것입니다.

문 : 고소인은 판매원들이 구입한 상품은 자기가 소비하는게 대다수
　　라고 하는데 그런가요.

답 : 판매원들이 구입한 물건이 1억, 2억이 되는데 그런 물건을
　　자기가 다 소비할 수는 없는 것이고 재 판매하는 경우도 있
　　습니다.


문 : 고소인은 물건값이 비싸기 때문에 재 판매를 하지 못하는게 아
　　니고 물건을 팔아보지 못한 사람들이기 때문에 재 판매를 못하
　　는 것이라고 주장하는데 어떤가요.

답 : 그게 맞습니다. 제가 구입한 물건을 재 판매하여 돈을 더
　　버는 사람도 있고 기증하는 사람도 있을 것이고 자기가 쓰
　　는 사람도 있을 것입니다. 그런데 검사는 물건을 파는 것을
　　보았냐 못보았냐고 단적으로 물으니까 시키는데로 "예"라
　　고만 대답을 하는 것입니다.


문 : 피의자의 진술대로라면 위 내용도 위증을 한 것으로 보이는데
　　그런가요.

답 : 제가 보충설명을 하라고 하였다면 하였을텐데 검사가 재판
　　매할 수 없지요라고 물었을 때 없다고 증언하였다면 위증

을 한 것입니다.

문 : 피의자는 검사의 피의자(증인)의 물품출고율은 얼마나 되는가
요라는 신문에 "50% 정도 되는 것으로 기억합니다"라고 증언
하였지요.
답 : 네.


문 : 출고율은 무엇인가요.
답 : 제가 제품을 구매하여 찾아가는 비율을 말합니다.


문 : 그러면 피의자의 출고율은 실제 50%정도 되는게 맞는가요.
답 : 증인신문조서를 보니까 검사가 물었을 때는 50%라고 대답
하였는데 변호인이 물었을 때는 60-70%라고 증언하였는
데 저는 그냥 감으로 증언을 하였기 때문에 회사 전산상에
90%라고 되어 있었다면 그게 맞을 것입니다.


문 : 고소인은 피의자가 다른 사람의 출고율에 대하여는 알 수가 없
고 피의자의 출고율에 대하여도 잘 알고 있으면서도 물건 판매
를 가장한 것처럼 진술을 해서 고소인이 유죄를 입증시킬려고
위증하였다고 하는데 어떤가요.

답 : 네. 다른 사람의 출고율에 대하여는 저는 알수가 없습니다.


문 : 피의자의 출고율은 50%가 맞는가요.

답 : 맞는지는 모르겠으나 그때 당시에는 감으로 말한 것입니다.


문 : 그러면 50%가 넘을 수도 있다는 것이네요.

답 : 그렇죠. 안될 수도 있고 저는 감으로 얘기 하였습니다.


문 : 고소인은 다단계 영업에서 물건을 안주면 사실상 금전거래로
    형사처벌을 받기 때문에 고소인이 사기를 쳤다는 식으로 몰고
    가기 위해서 위증을 한 것이라고 하는데 맞는가요.

답 : 그 당시에는 사기를 입증시킨다고 표현하는게 맞을 것입
    니다. 그 사람 입장에서는 어떨지 모르겠지만 저는 감으로
    50%라고 하였고 전산상에 90%로 되어 있다면 그게 맞겠
    지요.


문 : 피의자는 검사의 증인 및 위 업체의 판매원들은 2005. 3월경
    이후부터는 위 업체에서 구입한 물품의 출고를 신청하고도 현
    재까지 출고 신청한 제품을 받지 못하고 있으므로 피고인들의
    주장은 완전히 거짓이지요라는 질문에 "예"라고 증언한 사실이

있지요.

답 : 네


문 : 위 내용은 무슨내용인가요.

답 : 매출을 받고도 물건을 못주었다는 내용 입니다.


문 : 고소인은 제이유네트워크는 공제계약해지되어 2005. 12. 2.
    영업이 중단되었는데 중단된 이후에도 6,830억원 정도의 물건
    을 출고하였다고 하는데 맞는가요.

답 : 그것은 모르지요. 그런데 워낙 사람이 많다보니까 찾아간
    사람도 있을 것이고 못찾아간 사람도 있을 것입니다.


문 : 그런데 물건을 출고를 신청하여도 제품을 받지 못하였다는 것
    은 거짓말이라고 하는데요.

답 : 제가 그렇게 증언하였다면 위증이 되겠지요.


문 : 고소인은 제조회사의 사정에 따라서 늦게 출고되거나 단종이
    되면 다른 제품으로 교환을 해주었는데 그런 내용을 피의자도
    잘 알고 있다는데 어떤가요.

답 : 그런 내용은 맞습니다.

문 : 그런데 판매원들이 출고 신청을 하였는데 받지 못하였다고 증언하였다면 위증한 것으로 보이는데 어떤가요.

답 : 그렇습니다.

문 : 피의자는 검사의 피고인 주수도는 2005. 12. 2. 영업이 중단될 것임을 예견하고 다단계판매업체인 (주)쿠모를 2005. 1. 말경 인수한 사실이 있지요라는 신문에 "예"라고 증언하였지요.

답 : 네

문 : 고소인이 2005. 1. 말경. 쿠모를 인수한게 맞는가요.

답 : 지금 기억이 별로 없고 인수한 것은 맞는데 언제 인수한 것은 모르겠습니다. 그런데 제가 언제 인수한 것인지 모르는데 왜 그렇게 답변을 했는지 모르겠습니다. 검사가 그렇게 하라고 시켰는지 그냥 예라고 대답을 하였는지 모르겠습니다.

문 : 고소인은 2005. 12. 2. 공제거래가 해지되어 영업이 중단되어 다른 다단계 회사인 (주)쿠모를 인수하였고 그런 사실은 모두 공개를 하였기 때문에 다 알고 있는 사실이라고 하는데 그런가요.

답 : 기억은 나지 않습니다.

문 : 고소인은 2005. 1.월달부터 고소인이 쿠모를 인수해 놓고 제이유가 영업이 중단되면 다른 회사로 갈아타고 사기를 친 것처럼 하기 위해서 위증한 것이라고 주장하는데 어떤가요.

답 : 그것은 기억이 없습니다. 쿠모 관련하여서는 기억이 없습니다.

문 : 언제 인수했는지 기억이 없으면서 검사의 신문에 예라고 증언한 이유는 무엇인가요.

답 : 왜 그렇게 증언하였는지 기억이 나지 않고 제가 제일 모르는 내용이 쿠모건이고 쿠모건에 대해서도 검사에게 교육을 받았을텐데 어떻게 교육을 받았는지 기억은 나지 않습니다.

문 : 그리고 피의자는 2006. 10. 30. 위와 같은 법정에서 변호인의 상품이 단품된 경우에는 교환을 하거나 청약철회를 하는 길을 열어주고 있지요라는 신문에 "예, 열어주고 있지만 청약철회를 하면 사업자들은 전부 손해를 끼친다고 보고 있기 때문에 잘 안합니다. 청약철회를 하려면 청약철회장에서 직급자들이 막습니다. 우선은 청약철회를 못하게 하고 그래도 꼭 하려고 하면 청약철회 했을때 불이익을 설명하고 직급자들이 못하게 합니다"라고 증언 하였지요.

답 : 네.

문 : 이와 같은 내용이 사실인가요.
답 : 네. 사실 입니다.


문 : 그러면 청약 철회를 막았다는 것인가요.
답 : 강제성은 없었고 상위 직급자가 철회하려는 하위 직급자에
　　게 청약철회를 하면 손해를 본다고 설명을 하며 설득하는
　　식으로 막았고 하위 직급자가 청약 철회를 하면 상위 직급
　　자가 받은 수당은 다 내놓아야 하기 때문에 설득을 하는 것
　　입니다.


문 : 고소인은 청약 철회를 막을 수 없고 회사에서 청약철회를 해주
　　지 않으면 공제조합에서 해주게 되어 있기 때문에 청약철회를
　　막을 수 없다고 하는데 그런가요.
답 : 공제보험비를 잘 내고 문제가 없는 회사 같으면 공제조합
　　에서 보상을 해주게 되어 있는데 법적으로는 500만원 한도
　　에서 보상을 해주기 때문에 제이유와는 보상이 도움이 되
　　지 않는 것으로 알고 있습니다.

문 : 청약철회를 하려면 강제적으로 철회를 못하게 하는 것은 아니
　　라는 것인가요.

답 : 네. 강제적으로 철회를 못하게 하는 것이 아니고 설득을 하
　　여 못하게 한다는 것입니다.

문 : 그리고 변호사의 훼이겟(주)에 은현수도 참여하고 있지요라는
　　신문에 "모릅니다"라고 증언한 사실이 있지요.

답 : 네. 위증 하였습니다.

문 : 고소인은 피의자가 은현수와 같이 훼이겟이라는 다단계회사에
　　서 같이 다단계 판매원으로 활동을 하였고, 제이유사태피해자
　　모임의 대표가 은현수이고 본부장이 피의자인데도 훼이겟에 은
　　현수가 참여하고 있다는 사실을 피의자가 모른다고 한 것은 위
　　증을 한 것이라고 하는데 어떤가요.

답 : 네. 제가 위증을 하였습나다.

문 : 위와 같은 내용으로 위증한 이유는 무엇인가요.

답 : 그것은 내부사정 때문에 그런 것인데 내부사정이기 때문에
　　설명하고 싶지는 않습니다.

문 : 고소인은 피의자가 검사와 잠을 자면서 증인 훈련까지 받고 위
　　증을 하였다고 하는데 어떤가요.

답 : 잠을 잔 것은 아니고 새벽까지 같이 일한 것은 사실 입니다.


문 : 고소인은 피의자가 검사의 공소유지에 협조해주어야 고소인으
　　로부터 피해 본 돈을 받을줄 알고 위증을 하였다고 하는데요.

답 : 맞습니다.

이때 기록에 편철되어 있는 은현수 작성의 "주수도 탄원서를 쓴 진정한 이유"라는 내용
의 다음카페 게시글을 피의자에게 보여주고,

문 : 피의자는 이 게시물을 읽어본 적이 있는가요.

답 : 이것 뿐만이 아니고 짜증 납니다. 검사가 정말 나쁜 사람이
　　고 저희가 쓴 글이 맞습니다.


문 : 고소인은 이 게시물은 은현수가 작성한 것이라고 하는데 맞는
　　가요.

답 : 네. 저와 같이 보고 승인하여 쓴 것 입니다.


문 : 고소인은 게시물 내용을 보면 주수도의 은닉재산이 2,000억이
　　있다, 주수도를 고소하면 돈을 받게 해주겠다, 고소장 초안까지

써주기로 하였고 사전에 증인 훈련까지 하여 왔다는 내용과 나중에 검사에게 속았다는 것을 알고 이와 같은 내용의 글을 올렸다고 주장하는데 어떤가요.

답 : 그런 내용이 다 사실 입니다.


문 : 고소인은 피의자가 검사의 공소를 유지하는데 협조하기 위해서 위증을 한 것이라고 주장하는데 어떻게 생각하는가요.

답 : 맞습니다.


문 : 피의자가 법정에서 증언한 내용이 대부분 위증하였다고 진술하였는데 이제 와서 당시에 진술한 내용은 위증한 것이라고 하는 이유는 무엇인가요.

답 : 지금 5년이 넘어갔는데 1,700명의 피해자들은 한푼도 보상을 못받고 있고 지금 돈을 줄 사람은 그 당시 이종범 검사였으나 지금은 주수도 씨가 돈을 보상해 줄 것이라고 생각하고 있습니다. 그래서 평소에 회의할 때 그 당시에 저희들이 검사와 기소를 하여 12년 형을 살린 것은 잘 한 것이라고 생각하나 실제 보상받는게 더 중요하기 때문에 검사에 대해서 잘못되었다는 것은 잘못되었다고 얘기하고 주수도에게 보상 받기 위해서 진실을 말하고 있는 것입니다.

문 : 그게 아니고 법정에서 진실을 말하여 놓고 단지 고소인에게 보상을 받기 위해서 위증을 하였다고 허위 진술하는 것은 아닌가요.

답 : 아닙니다.


문 : 담당 검사가 어떤 방법으로 피해 보상을 해줄 것이라고 믿고 허위로 위증을 하였다는 것인가요.

답 : 그 당시 상황을 보면 제이유에 미련을 가지고 고소장을 제출한 사람은 얼마 되지 않았는데 검사가 저희들에게 고소할 사람들을 검사방으로 데리고 오라고 하여 저희들이 고소할 사람들을 검사방으로 데리고 갔습니다. 그러면 검사는 주수도가 2,000억원의 비자금이 있다고 하였고 고소를 한 사람에 한해서 그 돈으로 피해 보상을 해주겠다고 하였으며, 그 사건 이전에 제이유와 비슷한 사건이 있었는데 그 사건을 처리하면서도 고소를 한 사람에 한해서 보상을 해준적이 있다고 하니까 그 당시 저희 입장에서는 검사가 시키는데로 협조하는 수 밖에 없었습니다.


문 : 피의자는 고소인으로부터 얼마에 보상을 받기 위해서 고소인측과 짜고 허위 진술을 하는 것은 아닌가요.

답 : 그런 것은 아닙니다. 제가 진술한 내용은 제가 책임을 져야 하는 것이고 처음에는 검사와 같이 검사로부터 보상을 받기 위해서 허위로 진술하였으나 5년이 지났으나 지금은 진실을 얘기 해야 할 것 같아 사실대로 진술하는 것입니다.

문 : 피의자는 위와 같이 법정에서 위증을 하면 처벌을 받을 수 있다는 것을 알고 있지요.
답 : 네. 알고 있습니다.

문 : 참고로 유리한 진술이나 더 하고 싶은 말이 있나요.
답 : 할 얘기는 다 한 것 같습니다. 그 당시에는 주수도가 죽일놈이었지만 국정원 자료나 검사의 말에 의해서 증언을 하여 위증을 하였는데 주수도가 5년 정도 살았으니까 주수도가 앞으로는 나와서 피해자들에게 보상할 수 있는 길이 있다면 그렇게 해주길 바라고 있습니다.

문 : 지금까지 진술한 내용이 모두 사실인가요.
답 :

위의 조서를 진술자에게 열람하게 하였던 바(읽어준 바) 진술한 대로 오기나 증감·변경할 것이 없다고 말하므로 간인한 후 서명(기명날인)하게 하다.

진 술 자　

2010. 10. 6.

사법경찰관리　경사　김성복

사법경찰관　경위　임홍윤

## 수 사 과 정 확 인 서

| 구 분 | 내 용 |
|---|---|
| 1. 조사 장소 도착시각 | 2010. 10. 6. 09:30 경제팀 사무실 도착 |
| 2. 조사 시작시각 및 종료시각 | ☐ 시작시각 : 09:30<br>☐ 종료시각 : 11:25 |
| 3. 조서열람 시작시각 및 종료시각 | ☐ 시작시각 : 11:30<br>☐ 종료시각 : 11:48 |
| 4. 그밖에 조사과정 진행경과 확인에 필요한 사항 | 없습니다 |
| 5. 조사과정 기재사항에 대한 이의 제기나 의견진술 여부 및 그 내용 | 없습니다 |

2010. 10. 6.

사법경찰관리경사 김성복는 서석봉를 조사한 후, 위와 같은 사항에 대해 서석봉로부터 확인받음

확 인 자 : 서석봉 ㉑

사법경찰관리: 경사 김성복 ㉑

주수도

에 대한

마타
도어들

(흑색선전)

# 부록6

## '휴먼리빙'사건의
## 실체적 진실에 대하여

주수도가 옥중에서 다단계 회사를 자문하여
추가로 10년 형(추징금 444억)을 선고받은

# '휴먼리빙'사건의 실체적 진실에 대하여

___

1. 불법 다단계회사라는 현재 세간의 인식과 다르게, '휴먼리빙' 은 공정거래위원회와 서울시로부터 다단계 영업 인가를 마치고 소비자피해보상을 위해 한국특수판매공제조합에 가입된 합법적 다단계 회사로서, 2007년부터 2014년 1월까지 운영되었습니다.

2. 휴먼리빙이 불법 다단계회사였다면 약 7년 간의 영업기간 전부에 대해 처벌을 받았어야 하지만, 휴먼리빙의 처벌 대상은 오직 2013년 1월 1일부터 2014년 1월까지의 영업 부분에 한정되었고, 2007년부터 2012년 12월 말까지의 영업은 합법적 다단계로서 아무런 처벌의 대상도 되지 않았습니다. 그리고 기소 당시 휴먼리빙의 회원이 3만 명 이상이었는데, 피해자는 단 1328명으로 기소되었고, 2013. 1. 1.부터 2014.

1. 1. 까지의 총 매출액은 1540억인데. 그 기간 휴먼리빙의 공소금액은 약 1127억 원에 불과했습니다. 휴먼리빙 회사는 2013. 1. 1.부터 2014. 1. 1.까지 똑같은 방식으로, 똑같은 사람들을 대상으로, 똑같은 상품을 영업하였는데, 어떻게 어떤 사람들에 대한 영업, 어떤 상품에 대한 영업은 사기가 되고, 어떤 것들은 사기가 안 될 수가 있는지 의문입니다. 이는 명백한 검찰의 기소편의주의의 영향입니다.

3. 주수도를 비롯한 휴먼리빙 경영진이 불법 다단계 영업의 점으로 처벌을 받게 된 이유는, 당시 휴먼리빙 경영진이 2013년 초부터 구금되어 있는 주수도에게는 보고하지 않고 주수도가 짜준 마케팅을 변질시켜 '수당예상표'를 활용한 영업을 하였기 때문입니다. '수당예상표'는 휴먼리빙 사건 당시 1년 간의 불법 영업의 기망의 핵심 수단이었으나 변질적 영업의 핵심이었던 '수당예상표'는 구금중인 주수도에게 영업 당시 어떠한 경로로도 보고된 적이 없었습니다.

휴먼리빙 사건을 담당한 재판부는 주수도가 '수당예상표'를 인식하였다는 명확한 증거는 없다고 하면서도, 매출이 갑자기 급증하는 상황에서 다단계영업의 전문가인 주수도가 미필적이나마'수당예상표'와 같은 과장된 영업을 인식할 수 있었다고 봄이 타당하다며 주수도의 미필적 고의를 인정하여 유죄를 선고한 것입니다.

4. 휴먼리빙에 대한 수사는 JU사건에 대해 재심재판이 진행중[3] 이던 2013년 이종근 검사의 청부수사로부터 시작되었으나, 당시 주수도는 경찰 수사 단계에서 8회에 걸친 강도 높은 조사에도 불구하고 변질적 영업을 인식하지 못한 채 경영 자문만 해 준 것으로서 변질된 영업을 알았다는 증거가 없다는 이유로 불법 다단계 영업에 대하여 '혐의없음'처분을 받았습니다. 이후 사건은 서울중앙지방검찰청 형사3부로 송치되었고, 약 4년 간 아무런 조사도 이루어지지 않고 종결도 되지 않고 있던 중, 주수도의 JU 사건으로 인한 12년 10개월의

---

3) 이종근 검사는 휴먼리빙에 대한 청부수사를 직접 의뢰한 뒤 주수도의 재심 사건 1심 공판에 직접 참석하여 증인들에게 '주수도가 옥중에서 사기영업을 주도하고 있는 휴먼리빙 회사에 증인도 회원가입이 되어있느냐, 지금 휴먼리빙이 경찰에서 수사 중인 사실을 알고 있느냐'며 재심사건과 전혀 관련 없는 질문을 하였고, 이종근 검사의 이러한 질문을 들은 방청석에 있던 휴먼리빙 판매원들이 동요하며 휴먼리빙 판매원들의 전국적인 대량 반품 사태가 발생하게 되었습니다.

형기 만기 3개월 전 급작스레 검찰 조사가 이루어지기 시작했습니다. 분명 주수도는 경찰 단계에서 변질된 영업에 대한 증거가 부족하다는 이유로 혐의없음 의견을 받았던 사안임에도 불구하고, 검찰은 주수도가 옥중에서 사기영업을 주도했다며 대대적인 언론플레이를 자행하면서, '수당예상표'와 관련한 어떠한 추가증거도 없이 주수도를 기소하였고, 재판에 이르러서는 추가 증거도 없이 미필적 고의만이 인정되어 유죄를 선고받게 된 것입니다.

5. 휴먼리빙 1심에서는, 2012년 12월 31일 기준 휴먼리빙에서 27억 원의 이익이 발생하였음에도 불구하고 휴먼리빙 사건 1심에서는 외부감사법위반의 점이 유죄로 인정되어 회계처리를 믿을 수 없다는 이유로 주수도의 재정사기의 점이 인정되어 6년형을 선고받았습니다. 주수도는 2심에서 사기죄의 유죄판결의 전제가 된 외감법위반에 대하여 치열하게 다투었습니다. 그러나 2심에서는 (1심에서 재정사기가 인정될 수 있었던 전제사실인)외감법위반에 대하여 무죄가 나왔음에도 불구하고, 외감법위반이 무죄라 하더라도 전체를 무죄로 볼 수 없다는 취지로 10년형을 선고받게 된 것입니다.

6. 추징금 444억에 대하여 살펴보면, 1심에서는 추징금과 관련하여 어떠한 기소나 구형도 되지 않았으나, 1심 진행중이던 2019. 8 20.경 추징 관련 법이 신설되며 2심에서 갑작스레 추징금을 선고받게 되었습니다. 해당 법률의 부칙에는 '지금 수사 중이거나 재판 중인 사건에 대하여 해당 법률을 소급해 적용할 수 있다.'고 기재되어 있는바 해당 부칙에 대해서는 진정소급입법에 의한 위헌적 요소가 있다 할 것입니다.

7. 억울한 부분이 있으나 주수도가 회사 경영에 자문하며 관여한 것은 사실인바 이후 옥중에서 깊은 반성을 하고 있으며 최대한의 책임을 지기 위해 피해자들에게 피해변제에 대해 연락이 닿는 80%에 대해서는 금사력가우 지분을 가지고 있는 JU 실물주권을 담보로 제공하며 합의를 하였고, 나머지 20%에 대해서도 연락이 닿는다면 모두 합의를 볼 수 있는 상태입니다. 금사력가우는 중국전역의 직소판매권을 보유한 회사로서 주수도가 49% 지분을 가지고 있는데, 해당 지분 가치는 현재 최소 약 2000억 원 이상으로 평가 되고 있는바, 주수도가 자유의 몸이 되어 본격적으로 지분을 처분하거나 경영에 참여한다면 얼마든지 피해변제가 가능한 상황입니다.

# 부록7

서울회생법원에 제출된
법무법인 서평의 질의회신서

## 法務法人 瑞 平

서울 강남구 도곡로194 일양빌딩 2층 / 전화 02-6271-5600 / 팩스 02-6271-4329

발송일자    2021년  12월  30일

수    신    법무법인  바른

참    조    조동현  변호사

발    신    법무법인  서평

제    목    질의에  대한  회신

1. 귀 법무법인의 무궁한 발전을 기원합니다.

2. 본 법무법인에서는 질의하신 내용에 대해 다음과 같이 답변을 드립니다.

- 다    음 -

1. 질의 사항

귀 법무법인에서는 서울 회생법원 제이유 네트워크 파산선고신청 사건과 관련하여 재판부에서 제이유 네트워크 소유의 중국 주식의 가치 평가에 대하여 1) 매수희망자가 매각 대상 주식에 대한 매수 의사를 밝힌 근거되는 자료와 2) 서평과 협력하에 있는 중국 법률사무소가 금사력 가우의 가치 평가 내지 가치 판단에 사용하신 자료가 있으면, 이를 제공해 달라는 취지로 질의하셨습니다.

- 1 -

## 2. 질의에 대한 내용

### 1) 중국 법률사무소와 매수의향자, 서평의 관계

우선, 당 법무법인으로서는 당 법무법인이 중국 법률사무소를 선정한 것이 아니라, 매수의향서를 1차로 제출한 다이너스티 회사에서 해당 법무법인을 통해 금사력가우 주식 전부를 인수하겠다고 하면서 관련 업무를 충분히 소화시킬수 있는 법인으로 중국 법률사무소를 선정하였다는 말씀을 드립니다.

한편, 제이유네트워크의 매도 위탁 외에 매수의향을 가진 다이너스티의 의뢰를 동시에 받아 이 업무를 수행하고 있음도 밝혀드립니다.

따라서, 당 법무법인이 중국의 법률회사로부터 모든 자료를 쉽게 획득할 수 없다는 점을 말씀드리면서, 몇가지 판단 요소를 제시하고자 합니다.

### 2) 금사력 가우의 가치 평가 자료 개황

전언에 의하면, 파산신청자 서울시는 금사력 가우의 최근 재정상태에 비추어 보유 주식의 가치가 현격히 적을 것이라고 주장하면서, 이를 근거로 가치를 평가하면 제이유네트워크가 보유한 주식의 가치가 100억원에 미달할 것이라는 이유로 파산을 신청한 것으로 알고 있습니다.

- 2 -

그러나, 매수의향을 가진 다이너스티나 중국 법무법인은 금사력 가우의 모든 주식을 매매할 경우에는 최소 한화 5,000억원 이상으로 판매될 가능성이 높다고 판단하고, 이를 근거로 현재 공식적인 매각 절차를 밟고 있음을 말씀드립니다[1]. 이 과정에서 중국 법무법인은 중국 법률에 따른 절차를 강조하면서 입찰 절차를 밟고 있다고 합니다.

중국의 매수의향자나 법무법인이 위와같이 평가하는 이유는 다음과 같습니다.

가) 중국에서 대부분의 지역에 대한 직소판매허가를 보유하고 있는 회사집단은 금사력 가우 등 극히 소수이기 때문에, 이 대부분의 지역에 대한 직소판매허가권은 엄청난 금액의 평가를 받게 됩니다.

중국은 직소판매업에 대하여 '직판관리조례'에 따라 규제를 하고 있으며, 중국정부 및 국가공상총국, 각 지방공상국, 시장감독관리국 등 행정기구에서 강도 높은 규제를 하고 있습니다.

따라서 직소판매허가를 신규로 받는 것은 거의 불가능한 것이 중국의 현실이기 때문에, 직소판매허가를 보유한다는 것 자체로 회사의 가치가 아주 높게 평가됩니다.

---

1) 중국 법안은 현재 금사력 가우에 10여년 동안 제이유네트워크에 제공하여야 하는 이익분배금을 별도로 요구하면서, 모든 지분을 일괄 매매하는 방안을 논의하자는 입장을 보이는 반면, 금사력 가우는 한국에서 제이유네트워크의 파산신청 사실을 알고는 파산결정시 진행되는 매각 과정에서 제이유네트워크 지분을 싼 가격으로 매수하기 위해 중국법인과의 협상을 계속 지연시키는 한편, 현재 사업이 부진하여 기업가치가 적은 것처럼 보이기 위해 내부의 진실 자료를 외부에 제출하지 않고 있다는 항의를 하고 있는 상황입니다.

- 3 -

한편, 중국의 직소판매허가는 지역별로 나오는 것으로, 금사력가우의 가치가 높게 평가되는 가장 큰 이유는 금사력 가우가 중국 대부분의 지역에서 직소판매허가권을 보유하고 있기 때문입니다.

\* 금사력가우는 2006년 상무부로부터 제10호 직판영업허가증을 발급받아, 8개 성(省)과 19개 시(市)에서 직판 영업을 하고 있으며, 18개 산하기구와 90개의 서비스 제공 점포를 운영하고 있습니다.

중국의 법률회사나 다이너스티 등에서 전체 주식의 가치를 한화 5,000억원 이상으로 평가하는 이유는, 위와같은 직소판매허가권으로 인해 향후 회사의 확장성이 무한하다고 평가하기 때문입니다.

나) 중국 직소판매업계의 최근 부진은 일시적인 것으로 판단하고 있습니다.

중국에서는 2019년 1월 경 천진공안에서 직소판매를 하는 "권건(權健)" 그룹의 조직적인 불법 다단계판매 혐의와 허위광고에 대해 조사를 하고 관련자들을 구속하는 과정에서, 중국 공안이 모든 직소판매업체에 대해 합동단속을 하고 관리감독을 강화하는 사태가 발생하였습니다.

게다가, 2017년 초 금사력 가우에서 증식 공개상장에 참여하려고 하다가 실패하는 바람에 일시적으로 사업이 부진한 상태인 것일 뿐이라는 것입니다.

- 4 -

다) 중국 법률회사와 매수의향을 가진 다이너스티는 금사력 가우가 제이유
네트워크의 주식이 공매될 경우에 이를 싸게 구입하기 위해 관련 자료
를 축소하고 있다고 믿고 있습니다.

최근 금사력 가우에서는 제이유네트워크 측에 회사 가치가 아주 낮다
는 취지의 글을 보내면서, 2014년에는 중국화폐 251,594,044위안, 2015
년에는 중국화폐 410,493,391위안, 2016년에는 중국화폐 564,048,212위안
2017년도에는 297,124,070위안 등의 매출을 기록하였다고 밝히고 있습
니다.

그러나, 중국 직소판매업 온라인 전문업체인 직소백과망(直銷百科網,
www. dsbaike.com)에는 2014년도 4.7억 위안(한화 약 846억원), 2015년
도 9.6억 위안(한화 1,728억원), 2016년도 12억 위안(한화 2,160억원),
2017년도 9.5억 위안(한화 1,710억원)의 매출을 기록한 것으로 보도되고
있습니다.

즉, 금사력 가우는 여러 가지 이유로 실제 매출액보다 적은 액수의 매
출을 기록한 것처럼 행세하고 있는 바, 이는 서울시 측에 잘못된 정보
를 전달하여 제이유네트워크가 보유하고 있는 주식을 싸게 매수하겠다
는 계획을 가지고 있는 것으로 보고 있습니다.

라) 중국 법률회사와 다이너스티는 금사력가우의 최대주주 겸 경영권을 행

- 5 -

사하고 있는 세력에 대하여 그 동안의 배당수익금 청구를 할 수 있다는 판단을 하고 있으며, 제이유네트워크의 주식 가치 평가에는 이 부분이 고려되어야 한다는 입장입니다.

금사력가우에서는 수년 동안 많은 이익을 창출하였음에도 불구하고, 제이유네트워크 측에 제공하여야 하는 배당금을 일체 제공하지 않았습니다.

따라서, 제이유네트워크의 주식 평가를 함에 있어서는 해당 배당금으로 받아야 하는 금액이 추가되어 평가되는 것으로 판단하는 것입니다.

3) 결론

당 법무법인은 중국 내에서 금사력 가우가 어떠한 기준으로 평가되는지 여부에 대한 전문 자료를 보유하지 못한 채, 다이너스티나 중국 법률회사에서 제공하는 정보만을 제한적으로 받아 제이유네트워크에 전달하고 있습니다.

그런데, 중국 내의 실무자들은 실제 매각 절차가 진행되는 시점에 중국 경제 상황에 따라 다소 차이가 있기는 하겠지만, 최소한 5,000억원 이상으로 평가될 것이라는 점을 강조하고 있습니다.

나아가, 이들은 대한민국의 서울시 관계자들이 2015년 경에는 주식 압류 절차를 통해 제이유 네트워크의 보유주식을 강제처분하도록 하다가, 2020년 이후에는 파산절차를 통해 역시 강제처분을 하도록 기도하는 것은 금사력가우의 현 경영진이 제이유네트워크의 대한민국내 위기를 이용하기 위해 잘못된 정보를 서울시에 전달하였고, 서울시는 충분한 조사 없이 이들이 제공한 자료를 근거로 무리한 법률절차를 추구하고 있다는 생각 하에 업무를 추진하고 있습니다.

이러한 점을 충분히 고려하여 파산절차가 진행되도록 귀 법무법인의 세심한 배려와 노력을 기대하면서 답변을 마치도록 하겠습니다.


2021년 12월 30일


법무법인 서평 대표변호사 이 재 순

# 주수도
## 에 대한
# 마타
# 도어들
### (흑색선전)

초판 1쇄 발행          2023년 12월 1일

지은이  주수도
펴낸이  변성진
펴낸곳  도서출판 위
편집 · 디자인  홍성주
주소  경기도 파주시 광인사길 115
전화  031-955-5117~8

ISBN  979-11-86861-31-8 03320